पंचायत राज

सम्भावनाएँ व कार्य शक्ति

भारत डोगरा
डॉ. महीपाल

वाणी प्रकाशन

सजिल्द प्रथम संस्करण : 2023

वाणी प्रकाशन

4695, 21-ए, दरियागंज, नयी दिल्ली-110 002

फ़ोन : +91 11 23273167 फ़ैक्स : +91 11 23275710

शाखाएँ

अशोक राजपथ, पटना-800 004, बिहार

कॉफ़ी हाउस कैम्पस, महात्मा गांधी मार्ग, इलाहाबाद-211 001, उत्तर प्रदेश

महात्मा गांधी अन्तरराष्ट्रीय हिन्दी विश्वविद्यालय, वर्धा-442 001, महाराष्ट्र

36/ए, शेक्सपियर सरणी, रानी बिरला गर्ल्स कॉलेज के पास, कोलकाता-700 017, प. बंगाल

www.vaniprakashan.com
marketing@vaniprakashan.in
sales@vaniprakashan.in

Panchayat Raj : Sambhavnayen va Karya Shakti
by Bharat Dogra, Dr. Mahipal

ISBN : 978-93-5775-118-6

Political & Social Science

मूल्य : ₹ 550

आर. टेक ऑफ़सेट प्रिंटर्स, दिल्ली-110 032 में मुद्रित

वाणी प्रकाशन का लोगो मक़बूल फ़िदा हुसेन की कूची से

अनुक्रम

ग्रामीण योजनाएँ व पंचायती राज

पंचायती राज संस्थाओं का मुख्य कार्य ग्रामीण विकास के लिए सहभागिता के आधार पर योजना बनाना, उनको लागू करना, उनका मूल्याँकन करना है। पंचायतें तो देश आजाद होने के बाद में भी अस्तित्व में थी। लेकिन उनमें कमी यह थी कि ग्रामीण समाज के सभी वर्गों खासतौर पर महिलाओं व वंचितों की भागीदारी नहीं के बराबर थी। आजादी के बाद पंचायतों को मजबूत करने की व ग्रामीण विकास के लिए सामुदायिक विकास व राष्ट्रीय विस्तार कार्यक्रम चलाए गए। इन कार्यक्रमों के संचालन में लोगों की सहभागिता कम नौकरशाही की अधिक थी। इसलिए प्रयास असफल हो गए। बाद में बलवन्त मेहता समिति ने इन कार्यक्रमों का मूल्याँकन करने के बाद तीन स्तरीय पंचायती राज व्यवस्था की सिफारिश की। बाद में अशोक मेहता समिति ने पंचायतों का आधार मजबूत करने के लिए दो स्तरीय पंचायती राज प्रणाली की सिफारिश की, लेकिन पंचायतों को कानूनी आधार न मिलने के कारण व आम लोगों की उसमें भागीदारी न होने के कारण ये क़ागजों तक ही सीमित रही। सन् 1977 में ब्लॉक योजना

समिति ने तो यहाँ तक कह दिया था, कि पंचायतें ग्रामीण समाज के कमजोर तबकों के लिए 'गेट कीपर' बन गई है, अर्थात् इन वर्गों को भागीदार बनाने की बजाय उन्हें भागीदार होने से रोकती है।

संक्षेप में कहें तो 73वें संविधान संशोधन के द्वारा पंचायतों को कानूनी आधार मिला व समाज के वंचित वर्गों को पंचायतों में सदस्य व अध्यक्ष के रूप में उचित प्रतिनिधित्व मिला। इस संशोधन के अनुच्छेद 243छ के अनुसार पंचायतें अपने स्तर पर आर्थिक विकास एवं सामाजिक न्याय की योजना बनाएगी। इस कार्य को करते समय वे संविधान की 11वीं अनुसूची में सूचीबद्ध 29 विषयों से सम्बन्धित योजनाओं व स्कीमों को भी कार्यान्वित करेगी। ग्यारहवीं अनुसूची में खेती-बाड़ी से लेकर गाँव की परिसम्पत्तियों के रख-रखाव की स्कीमें शामिल हैं। ग्यारहवीं अनुसूची में सूचीबद्ध 29 विषय पुस्तिका में अन्त में दिए गए हैं।

योजना बनाने के कार्य को पंचायतें कैसे करेंगी। उनको अपने स्तर पर क्या-क्या कदम उठाने पड़ेंगे, कैसे-कैसे वे विभिन्न मुद्दों पर निर्णय लेगी। इन्हीं बातों की जानकारी इस पुस्तिका में दी गई है। आइए पहले चर्चा करते हैं कि विकास किसे कहते हैं, जिसके लिए योजना बनाई जाएगी।

विकास का अर्थ :

विदित है सभी योजनाओं व कार्यक्रमों का उद्देश्य विकास करना है। आप यदि सरपंच (प्रधान) पंचायत सदस्य या पंचायत सचिव से पूछो कि आप पंचायतों के माध्यम से क्या करना चाहते हैं तो, उत्तर होगा, विकास लेकिन विकास है क्या? योजना की प्रक्रिया पर चर्चा करने से पहले इसे जान ले तो अच्छा रहेगा।

विकास बदलाव की प्रक्रिया है। इस प्रक्रिया के कारक हैं : उत्पादन का बढ़ना, आमदनी का बढ़ना, स्वास्थ्य में सुधार होना, यातायात के साधनों को बढ़ावा देना, वातावरण में सुधार लाना। इन कारकों का अन्तिम उद्देश्य जीवन की गुणवत्ता में इजाफा (उन्नति) करना है।

लेकिन गाँव में विकास का अर्थ निर्माण कार्यों से है। अगर प्रधान से पूछा जाय कि अपने कार्यकाल में विकास के क्या-क्या कार्य किए हैं तो उनका जवाब होगा, खडंजा बनवाया, सड़क पर मिट्टी डलवाई, कुआँ खुदवाया, मकान बनवाए, बिजली का कनैक्शन लगवाया, पंचायत घर बनवाया आदि, आदि। हाँ, वैसे तो ये भी विकास के ही कार्य हैं लेकिन सम्पूर्ण विकास के कार्य नहीं हैं, क्योंकि इस तरह के विकास कार्यों से क्या लाभ, यदि गाँव में महिला, बच्चे व पुरुष अनपढ़ हैं। गाँव में बच्चे व महिला कुपोषण का शिकार हों। गाँव में लोग दस्त, खून की कमी आदि बीमारियों से पीड़ित हों। बच्चों

योजना के लिए विचार विमर्श

की कम उम्र में ही शादी हो जाती हो। गाँव में पीने का पानी शुद्ध न हो। घर में शौचालय न हो। सोचो यदि इन सड़कों, खंडजों पर चलने वाले महिला-पुरुष व बच्चे बीमार हों तो ऐसे विकास कार्यों से क्या लाभ।

इस तरह की विकास धारणा को जहन में लिए हुए क्या हमारे बच्चे शहर, देश व विदेश के बच्चों से प्रतियोगिता कर पाएँगे। नहीं ! इसलिए विकास की व्यापक सोच को अपनाकर गाँव के समग्र विकास के लिए निर्माण कार्यों के अलावा स्वास्थ्य व पोषण, शिक्षा, चिकित्सा, रोजगार व महिलाओं में जागृति जैसे कारकों को भी विकास की परिधि में लें। इस प्रकार की विकास की धारणा को मानकर ही पंचायत प्रतिनिधि इन सुविधाओं के वर्तमान स्तर का जायजा लें। वित्तीय संसाधनों के आधार पर गाँव की विकास की योजना बनाते समय इन कारकों को उचित स्थान दें। वे इसका भी ध्यान रखें कि इन कार्यों के लिए कौन-कौन से सरकारी विभाग, अधिकारी व कर्मचारी हैं, जिनका सहयोग लिया जा सकता है।

योजना बनाना

जैसा पहले जिक्र किया गया है कि संविधान की धारा 243छ के अनुसार पंचायत अपने स्तर पर आर्थिक विकास व सामाजिक न्याय की योजना बनाएँगी। राज्यों के पंचायती राज अधिनियमों में योजना बनाने का प्रावधान है। उत्तर प्रदेश

ग्राम पंचायत अधिनियम की धारा 15 क के अनुसार ग्राम पंचायत प्रतिवर्ष अपने क्षेत्र के लिए विकास योजना तैयार करेगी। अतः यह आवश्यक हो जाता है कि हम जाने योजना या नियोजन क्या है।

नियोजन क्या है?

नियोजन आपके लिए कोई नई बात नहीं है। आप सभी घर पर योजना बनाते हैं। कभी रिश्तेदारी में जाने की योजना बनाते हैं, कभी मकान बनाने की योजना बनाते हैं, कभी जमीन खरीदनें की योजना बनाते हैं, कभी शादी-विवाह करने की योजना बनाते हैं, कभी पूरे दिन की योजना बनाते हैं कि आज दिन में हमें यह यह कार्य करना है। कभी एक सप्ताह की योजना बनाते हैं तो कभी महीने की तो कभी वर्ष की। अतः आप हमेशा योजना बनाते हैं और उनको लागू करते हैं।

आइए, योजना बनाने को एक उदाहरण के द्वारा समझते हैं। मान लीजिए गाँव में प्राइमरी स्कूल बनवाने का विचार है। इस विचार को योजना में तब्दील करने के लिए निम्न कदम उठाने होंगे।

1. क्यों : अर्थात् स्कूल ही क्यों?
2. कौन : अर्थात् स्कूल का निर्माण कौन करेगा?
3. कैसे : अर्थात् इस कार्य के लिए क्या-क्या कदम उठाने पड़ेंगे।

4. कब : अर्थात् स्कूल बनाने के लिए उचित समय कौन-सा होगा।
5. क्या : अर्थात् कितने व किस-किस तरह के साधन चाहिए। आइए इसे विस्तार से समझते हैं-
1. क्यों : प्राइमरी स्कूल खोलने का उद्देश्य है गाँव में बच्चों को शिक्षित करना।
2. कौन : स्कूल के निर्माण व उसकी देखभाल कौन करेगा। दूसरे शब्दों में क्या ग्राम पंचायत स्वयं यह जिम्मेदारी निभाएगी या किसी अन्य एजेन्सी को जिम्मेदारी देगी स्कूल निर्माण करने की।
3. कैसे : देखना होगा कि स्कूल के लिए जगह कौन-सी उचित रहेगी। स्कूल का आकार कितना होगा, उसका नक्शा कैसा होगा, उसको बनाने के लिए निर्माण सामान अर्थात् ईंट, बजरी, सीमेंट कितना होगा, बनाने के लिए राजमिस्त्री कौन होगा।
4. कब : समय कौन-सा उचित रहेगा। यहाँ देखना होगा कि समय वह हो, जब स्कूल बनाने की सामग्री मजदूर व मिस्त्री आसानी से उपलब्ध हो सके।
5. क्या : पंचायत के पास वित्तीय व गैर-वित्तीय साधन कितने? क्या वे पर्याप्त हैं? यदि कमी है तो साधन कैसे एकत्र किए जाएँगे। वास्तव में देखा जाय तो आप अपने परिवार की योजनाएँ बनाते रहते हैं। अब आपको गाँव की योजना बनानी है। जैसे ऊपर

उदाहरण में दिया है। अगर आपको मकान बनाना है तो आप विचार करेंगे कि इसे बनाने के लिए कौन-सी जगह उचित है। उसका आकार कितना होगा। मकान कच्चा बनाना है या पक्का बनाना है। राजमिस्त्री कौन अच्छा कार्य करता है। ईंट अच्छी व सस्ती कहाँ से मिल सकती है। मकान बनाने में लागत कितनी आएगी। स्वयं के पास कितना पैसा है। बाकी पैसा बिना ब्याज के या कम ब्याज पर कहाँ से मिल सकता है। अब इन बातों को ध्यान में रखकर आपको सारे गाँव की विकास योजना बनानी है। अब आइए योजना व उसके विभिन्न पहलुओं को विस्तार से समझते हैं।

प्राथमिकीकरण

जैसा कि सबको मालूम है कि गाँव की सभी आवश्यकताओं को एक साथ पूरा नहीं किया जा सकता, क्योंकि वित्तीय साधन सीमित हैं और आवश्यकताएँ असीमित हैं। आप अपने घर का ही उदाहरण लें। आप अपने घर में एक अतिरिक्त कमरा बनवाना चाहते हैं, आप अपने बच्चों को साइकिल खरीदकर देना चाहते हैं, आप खेती की पैदावार बढ़ाने के लिए इंजन खरीदना चाहते हैं, लेकिन यह सब आप एक साथ नहीं कर सकते, क्योंकि आपके पास इतने वित्तीय साधन नहीं हैं कि ये सभी कार्य एक साथ कर सकें। आपको इन कार्यों में से

देखना होगा कि पहले आपको क्या करना है, दूसरे स्थान पर क्या करना है, तीसरे स्थान पर क्या करना है। इसे ही प्राथमिकीकरण कहते हैं। आइए इसे गाँव के सन्दर्भ में देखते हैं। मान लीजिए ग्राम सभा की मीटिंग में गाँव के विभिन्न वार्डों से आए व्यक्तियों ने अपनी-अपनी समस्याएँ उठाई। किसी ने कहा कि हमारे वार्ड में खडंजा नहीं है। किसी ने कहा कि हमारे यहाँ बरसात में पानी भर जाता है, उसकी निकास का कार्य करना चाहिए। कुछ व्यक्तियों ने कहा कि गाँव के प्रत्येक वार्ड में कोई-न-कोई समस्या हैं लेकिन पूरे गाँव की समस्या यह है कि गाँव में बच्चों के लिए प्राइमरी स्कूल नहीं है। कुछ ने कहा कि गाँव में उपचार, दवा-दारू का कोई साधन नहीं है, और तो और अगर बुखार भी होता है तो गाँव से दूर कस्बे में जाना पड़ता है।

इस प्रकार उठाई गई विभिन्न मांगों की एक सूची तैयार कर ली जाती है और निर्णय किया जाता है कि कौन सा कार्य पहले करना है और कौन सा कार्य बाद में करना है, उपलब्ध वित्तीय साधनों कों ध्यान में रखते हुए। इसी प्रकार को सूचीकरण को ही प्राथमिकीकरण कहते हैं।

समय सीमा निर्धारण

समय सीमा निर्धारण योजना का महत्त्वपूर्ण अंग है। यदि हाथ में लिया कार्य समय के अन्दर पूरा नहीं होगा तो उस कार्य

को करने की लागत बढ़ जाएगी, और अन्य कार्य भी समय के भीतर नहीं हो पाएँगे। समय निर्धारण का सम्बन्ध लक्ष्य से भी होता है। कुछ लक्ष्य लम्बी अवधि के होते हैं, कुछ मध्यम अवधि के होते हैं व कुछ लघु अवधि के होते हैं। आइए इसको एक उदाहरण द्वारा अच्छी तरह समझ लेते हैं। सामान्यतः योजनाओं का समय निर्धारण तीन तरह का होता है।

1. लम्बी अवधि की योजना (15-20 वर्षीय)
2. पंचवर्षीय योजना (5 वर्षीय)
3. वार्षिक योजना (1 वर्षीय)

आइए फिर प्राइमरी स्कूल का उदाहरण लेकर इसे विस्तृत रूप से समझते हैं।

1. लम्बी अवधि की योजना : लम्बी अवधि की योजना 15-20 वर्षों के लिए होती है। यह योजना लम्बे (दीर्घ) उद्देश्यों को लेकर बनाई जाती है। ग्राम में प्राइमरी स्कूल बनाते समय लगभग 15-20 वर्षों की आवश्यकताओं को ध्यान में रखना होगा। उदाहरण के लिए अगर वर्तमान में स्कूल में 5 कमरे बनाने की योजना है, सम्भव है 15-20 वर्षों के बाद गाँव की जनसंख्या बढ़ेगी, जिससे अधिक बच्चे स्कूल जाएँगे, उस समय अतिरिक्त जगह की आवश्यकता होगी। उस समय अतिरिक्त कमरे बनाने के लिए हो सकता है जगह न हो, इसलिए दीर्घकाल के उद्देश्य को ध्यान में रखकर स्कूल बनाते समय पर्याप्त जगह स्कूल के पास होनी चाहिए, ताकि जब 15-20 वर्ष बाद अतिरिक्त कमरे बनाने

समयबद्ध श्रमदान

पड़ेंगे, उस समय जगह की समस्या न हो। इसके अतिरिक्त 15-20 वर्षों के बाद प्राथमिक स्कूल के अतिरिक्त मिडिल स्कूल की जरूरत भी हो सकती है। उसके लिए भी अतिरिक्त जगह की आवश्यकता होगी। इन्हीं सब बातों को भविष्य की आवश्यकताओं के विवरण को ध्यान में रखना होता है दीर्घकालीन योजना बनाने में।

2. पंचवर्षीय योजना : पंचवर्षीय योजना में दीर्घ योजना के चलाने को 5-5 वर्षों के अन्तर्गत वितरित कर दिया जाता है। उदाहरण के लिए एक पंचवर्षीय योजना में कितने कमरे बनवाने हैं, कितनी अन्य सुविधाएँ जैसे पुस्तकालय शुरू में वाचनालय इत्यादि उपलब्ध करानी है। किस-किस खेलकूद के सामान का प्रबन्ध करना है, आदि-आदि।

3. वार्षिक योजना : वार्षिक योजना के अन्तर्गत पाँच वर्षों के कार्यों को एक-एक साल के लिए वितरित कर दिया जाता है।

उपरोक्त उदाहरण तो प्राइमरी स्कूल का दिया है। इसी तरह की योजना आपको सम्पूर्ण गाँव पंचायत की बनानी है, जिसमें चिकित्सा, रोजगार के अवसर बढ़ाने, कृषि विकास आदि शामिल होंगे।

योजना के चरण : अब तो आपको ज्ञात हो गया कि योजना क्या है? आइए इसके विभिन्न चरणों पर चर्चा करते हैं :

1. ग्राम पंचायत की वर्तमान विकास स्थिति का विश्लेषण : सर्वप्रथम गाँव के वर्तमान विकास की स्थिति का जायजा लेने के लिए गाँव के विभिन्न पहलुओं के आँकड़ों की सहायता से अवलोकन किया जाता है। उदाहरणार्थ गाँव की कितनी आबादी है। कितने पुरुष हैं। कितनी महिलाएँ हैं। कितने बच्चे हैं। कितने बच्चे पढ़ने जाते हैं। कितनों को रोज़गार प्राप्त है। कितने रोजगार विहीन हैं। गाँव में वित्तीय व गैर वित्तीय संसाधन कितने हैं। रोजगार के क्या-क्या साधन हैं। गाँव में कौन-कौन-सी फसलें पैदा होती हैं। सूचनाओं को इकट्ठा करने के बाद इन सूचनाओं की जाँच करना भी जरूरी है कि कहीं ऐसा तो नहीं है कि उपलब्ध सूचनाओं व वास्तविकता में कोई अन्तर हो। यदि अन्तर होता है तो उसे पुनः जाँच करके दूर करना होता है, क्योंकि इसी वर्तमान स्थिति का विश्लेषण करके लक्ष्य निर्धारित किए जाएँगे।

2. ग्राम पंचायत का खाका तैयार करना : ग्राम पंचायत की योजना तैयार करने के लिए उसका खाका तैयार करना आवश्यक है। इसके अन्तर्गत मुख्यतः निम्न बातें आती हैं :

1. गाँव का परिचय
2. संसाधनों का सूचीकरण

संसाधन निम्न हो सकते हैं :

(क) भूमि व उसके प्रकार अर्थात् कितनी चिकनी भूमि है, कितनी दोमट है, कितनी रेतीली है और कितनी बंजर है।

(ख) पानी के स्रोत अर्थात् बरसात का पानी, नहर का पानी, नदी का पानी, भूमिगत पानी।

(ग) खनिज स्रोत।

(घ) वन संसाधन

(ङ) मानवीय संसाधन

3. विभिन्न प्रकार के आँकड़े :

(क) बुनियादी सुविधाएँ—विद्यालय, अनौपचारिक शिक्षा की व्यवस्था, आँगनवाड़ी, जन स्वास्थ्य, पशु स्वास्थ्य, गलियाँ व सड़कें

(ख) सामाजिक आँकड़े—गरीबी रेखा के नीचे रह रहे परिवारों की संख्या। अनुसूचित जाति एवं अनुसूचित जनजाति का वर्गीकरण-बेरोजगारी का स्तर (पुरुष व महिला दोनों का), शैक्षिक स्तर, सार्वजनिक वितरण प्रणाली, पारम्परिक हुनर, यातायात के साधन, बैंकिंग सुविधाएँ, बाजार व विपणन, बीमा

(ग) आर्थिक आँकड़े—कृषि : कुल बोया गया क्षेत्र, कुल पैदावार, सिंचाई के साधन, बीज खाद, कीटनाशक, खेती की आधुनिक तकनीक, बाढ़ आदि।

—उद्यान : बाग के प्रकार, नई पुरानी किस्में, फल का विपणन, फलों के प्रकार।

—डेयरी व पशुपालन : दूध, चमड़े, हड्डी पर आधारित उद्योगों को बढ़ावा, चारे का प्रबन्ध, पशुओं की बीमारियों की रोकथाम, उन्नत किस्म के पशुओं की व्यवस्था।

—कुटीर उद्योग : स्थानीय कच्चे माल पर आधारित कुटीर उद्योग, उत्पादित वस्तुओं की गुणवत्ता व विपणन की व्यवस्था, प्रशिक्षण की व्यवस्था, पूँजी की उपलब्धता एवं व्यवस्था।

—ऊर्जा : गाँव में बिजली की उपलब्धता, गोबर/ बायोगैस का प्रबन्ध की व्यवस्था, सौर ऊर्जा प्रयोग की व्यवस्था।

उपरोक्त आँकड़ों से यह पता चल जाता है कि गाँव की सामाजिक आर्थिक स्थिति क्या है। दूसरे शब्दों में गाँव के विकास का स्तर क्या है क्योंकि गाँव की वर्तमान सामाजिक व आर्थिक स्थिति के आधार पर ही तो भविष्य की योजना बनेगी।

उद्देश्य तथा लक्ष्यों का निर्धारण :

गाँव का वास्तविक खाका तैयार करने के बाद बारी आ जाती है लक्ष्य निर्धारण की। आपने आँकड़ों की जाँच करके देखा कि गाँव में विभिन्न फसलों का उत्पादन का स्तर कम है। गाँव में बेरोजगारी है। गरीबी है।

गाँव के विभिन्न वार्डों व वर्गों (अनुसूचित जाति व जनजाति तथा सामान्य वर्गों) में विषमता है। साक्षरता का स्तर बहुत कम है। इन्हीं समस्याओं को दूर करना ही आपकी योजना का लक्ष्य बन जाता है। अर्थात् :

पैदावार बढ़ाना
रोजगार के अवसर बढ़ाना
गरीबी स्तर को कम करना
शिक्षा का स्तर बढ़ाना

आर्थिक विषमता को दूर करना, आदि-आदि आपके उद्‌देश्य हो जाते हैं।

वित्तीय संसाधन (पैसा) : आपने सामाजिक, आर्थिक आँकड़ों की मदद से गाँव की वास्तविक स्थिति का जायजा भी ले लिया। उद्‌देश्यों या लक्ष्यों का निर्धारण भी कर लिया। अब महत्त्वपूर्ण चरण आ जाता है पैसा। पैसे के आधार पर ही आपकी योजना का आकार निर्भर करता है। पैसा या रकम का हिसाब लगाते समय आपको यह भी देखना पड़ेगा कि एक वर्ष में कितना पैसा आपके पास है। पाँच वर्ष में कितना पैसा आपके पास होगा। आपके पास पैसे के प्रमुख स्रोत निम्न हैं।

1. केन्द्र सरकार अर्थात देश की सरकार से प्राप्त पैसा।
2. राज्य सरकार अर्थात् उत्तर प्रदेश के सन्दर्भ में लखनऊ स्थित सरकार से पैसा। मध्य प्रदेश के सन्दर्भ में भोपाल स्थित सरकार से पैसा।
3. पंचायतों का अपना पैसा। यह पैसा पंचायतें कर व गैर कर संसाधनों से प्राप्त करेगी।
4. बैंक व अन्य वित्तीय संस्थाओं से प्राप्त पैसा।
5. ग्राम-वालों का योगदान। यह योगदान-ग्रामवासी नकद/दान या श्रमदान के रूप में हो सकता है।

लक्ष्य प्राप्ति के लिए सलाह-मश्विरा

उपरोक्त स्रोतों से आपको कितना धन एक वर्ष या पाँच वर्ष में प्राप्त होगा, इसका हिसाब-किताब रखना है। तभी जाकर आप अपनी बनाई योजना को व्यावहारिक रूप दे पाएँगी। वित्तीय साधन किसी भी योजना के लिए महत्त्वपूर्ण है। पंचायतों द्वारा जितने वित्तीय साधन स्वयं इकट्ठे किए जाएँगे, उतनी ही अच्छी तरह व स्वतंत्र रूप से अपनी इच्छानुसार ग्राम पंचायत ग्राम विकास की योजना बना सकती है। इस समय देखने में आया है कि पंचायतें अपने स्तर पर प्रयास करके वित्तीय साधन नहीं जुटा रही हैं। पंचायतों को कर व गैर कर जो भी ग्राम पंचायतें कर रही हैं वे राज्य व केन्द्र सरकार से प्राप्त अनुदान से कर रही है। अगर गाँव वाले अपने से पैसा पंचायत को नहीं देंगे तो वे पंचायत के कार्य में रुचि नहीं लेंगे। अगर कोई निर्माण कार्य या अन्य कोई कार्य उचित प्रकार से नहीं हुआ तो गाँव वालों की टिप्पणी होगी, हमारे कौन से घर से जा रहा है। होने दो जैसा हो रहा है। उदाहरणार्थ, अगर गाँव में जवाहर ग्राम समृद्धि योजना के अन्तर्गत सड़क का निर्माण होना है। इस कार्य के लिए भट्टे से जो ईंट आई, वे अव्वल किस्म की नहीं थी। उनको देखकर गाँव के व्यक्ति ने कहा, प्रधान जी ईंटें तो अच्छी नहीं हैं। पास में खड़े सभी व्यक्ति एक स्वर में कहते हैं, जो भी है ठीक है। प्रधान कुछ-न-कुछ गाँव में कार्य तो कर ही रहा है। हमारी कौन-से जेब से जा रहा है।

चूँकि गाँव वालों ने ईंटों को लाने में कोई पैसा नहीं दिया, तो उन्हें कोई सरोकार भी नहीं है। अगर गाँव वालों का ईंटों के खरीदने में योगदान होता तो वे अवश्य प्रधान से कहते कि ईंटें अव्वल किस्म की लाओ। वैसे तो अगर गाँव वाले पैसा का योगदान करते तो प्रधान की हिम्मत ही नहीं थी कि वह अव्वल ईंट न लाता इसलिए पंचायत का योगदान जरूरी है।

विशेष घटक योजना व जनजाति उपयोजना :

आपको योजना बनाते समय अनुसूचित जाति के लिए विशेष घटक व अनुसूचित जनजाति के लिए जनजाति उपयोजना को भी ध्यान में रखना है।

विशेष घटक योजना के अन्तर्गत कुल योजना परिव्यय का कम-से-कम अनुसूचित जाति की जनसंख्या के प्रतिशत के बराबर उस पर व्यय करना है। माना कि आपकी ग्राम पंचायत में अनुसूचित जाति की जनसंख्या 15 प्रतिशत है। उदाहरण के लिए यदि गाँव की वार्षिक योजना परिव्यय 1 लाख है तो कम-से-कम 15,000 रुपए इस वर्ग के विकास के लिए व्यय करने हैं।

इसी प्रकार जनजाति उपयोजना के अन्तर्गत कुल योजना परिव्यय का कम-से-कम उनकी जनसंख्या के प्रतिशत के अनुसार उनके विकास पर व्यय करने हैं।

जिला नियोजन समिति :

ग्राम पंचायत के लिए बनायी गयी योजना क्षेत्र पंचायत की योजना का हिस्सा बनेगी। क्षेत्र पंचायत योजना, जिला पंचायत योजना हिस्सा बनेगी। उदाहरणार्थ एक क्षेत्र पंचायत या पंचायत समिति में 60 ग्राम पंचायतें हैं। साठ ग्राम पंचायतें अपनी-अपनी ग्रामीण विकास की योजनाएँ बनाएँगी। ये सभी 60 की 60 ग्राम पंचायतों की योजनाएँ एक-दूसरे के साथ मिलाकर पूरे क्षेत्र पंचायत की योजना बनेगी। अगर जिले में 11 क्षेत्र पंचायत हैं तो इस प्रकार 11 क्षेत्र पंचायत योजना बनेंगी। जिला स्तर पर इन 11 की 11 को शामिल करके सम्पूर्ण जिला पंचायत की योजना बनेगी। इसी प्रकार जिले में नगरीय क्षेत्रों की भी योजना बनेगी। जिला स्तर पर सम्पूर्ण ग्रामीण क्षेत्र की योजना व नगरीय क्षेत्र की योजना को मिलाकर सम्पूर्ण जिले की योजना बनाई जाएगी। इस तरह की योजना जिला नियोजन समिति द्वारा किया जाएगा।

योजना को लागू करना :

योजना को जितना सूझबूझ से बनाना आवश्यक है उतना ही उसको लागू करना भी जरूरी है। आपको साफ तौर पर ग्राम पंचायत की बैठक में योजना के विभिन्न पहलुओं की जिम्मेदारी सौंपनी है। उत्तर प्रदेश में विकास समिति गठित

जिला नियोजन समिति की बैठक के उपरान्त विचार-विमर्श

करने का प्रावधान अधिनियम में हैं। अत: योजना बनाने व कार्यान्वयन की जिम्मेदारी उसको सौंपी जा सकती है। अन्य प्रदेशों के ग्राम पंचायत अधिनियम में समितियाँ बनाने का प्रावधान है योजना की जिम्मेदारी इनमें से एक को दी जा सकती है।

ग्रामीणों की भागीदारी :

आप जानते हैं कि महिलाओं व अनुसूचित जाति अनुसूचित जनजाति एवं पिछड़े वर्गों को प्रधान व सदस्य पद के लिए आरक्षण इसलिए दिया गया है कि उनकी ग्रामीण विकास की योजना बनाने, निर्णय लेने, कार्यान्वयन करने, लाभ में हिस्सेदारी व निगरानी और जाँच में भागीदारी हो।

ग्राम सभा ग्राम के सभी व्यक्तियों की आमसभा है। यह संस्था बहुत महत्त्वपूर्ण है, क्योंकि यह गाँव के सभी तबकों की ग्रामीण विकास में भागीदारी सुनिश्चित करती है। यह महत्त्वपूर्ण बात है कि भागीदारी गाँव के गरीब तबके अनुसूचित जाति एवं अनुसूचित जनजाति की महिलाओं की भी होनी आवश्यक है, नहीं तो सम्पूर्ण गाँव की भागीदारी का कोई अर्थ ही नहीं रह जाता। भागीदारी कैसे सुनिश्चित होती है। इस पर चर्चा करते हैं।

1. निर्णय लेना : ग्राम स्तर पर वार्षिक योजना, पंचवर्षीय योजना व दीर्घकालीन योजना में क्या-क्या कार्य

करने हैं इसका निर्णय जनता द्वारा लेने से है। ग्राम सभा की बैठक करके यह कार्य किया जाता है।

2. निर्णयों को लागू करना : इसका अर्थ है लिए गए निर्णयों को कार्यान्वयन करना। इसके लिए ग्राम पंचायत एक समिति बना सकती है जो यह देखे कि अमुक-अमुक निर्णयों को सही मायने में कैसे लागू करें। राज्यों में ग्राम पंचायत अधिनियम के अन्तर्गत विभिन्न विषय समिति बनाने का प्रावधान है। यह कार्य लोक निर्माण समिति या अन्य किसी समिति को दे सकते हैं। अगर पंचायत चाहे तो इस कार्य के लिए अलग समिति भी बना सकती है।

3. साधनों में हिस्सेदारी : ग्राम पंचायत के पास आय के स्रोत, केन्द्र सरकार, राज्य सरकार, बैंकों से ऋण के अलावा स्वयं पंचायत को भी अपने साधन कर व गैर-कर माध्यम से जुटाने होंगे। यहाँ साधनों की हिस्सेदारी से यही अर्थ है कि गाँव के लोग अपना अंश भी योजना बनाने में दें। यह अंशदान नकद, मजदूरी या श्रमदान के रूप में हो सकता है।

यदि गाँव में खडंजा बनाना है तो मिट्टी का प्रबन्ध गाँव वाले ट्रैक्टर ट्राली के रूप में कर सकते हैं। मिट्टी को समतल करने के लिए श्रमिक लोग अपने श्रम का दान कर सकते हैं। साधनों की हिस्सेदारी से पंचायत का लोगों के प्रति उत्तरदायित्व बढ़ जाता है। अगर ग्रामीण वित्तीय या गैर-वित्तीय तरीके से साधन जुटाएँगे तो उनमें हमेशा जिज्ञासा रहेगी कि

क्या हमारे द्वारा दिए गए साधनों का उचित उपयोग हुआ या नहीं। अगर पैसा केन्द्र व राज्य सरकार से आता है तो ग्रामीण का तर्क होता है कि करने दो जैसा प्रधान कर रहा है हमने कौन-सा अपनी जेब से दिया है। अतः संसाधनों की हिस्सेदारी सुनिश्चित करने के लिए ग्रामीणों की जेब से या श्रम से ग्रामीण विकास में सहभागिता अतिआवश्यक है, विकेन्द्रीकृत योजना को सुचारू रूप से चलाने के लिए।

4. लाभ में हिस्सेदारी : लाभ में हिस्सेदारी से अर्थ है कि तैयार योजना से होने वाले लाभ में हिस्सेदारी। उदाहरण के लिए यदि गाँव में स्कूल बना है तो उसमें सभी जाति व वर्गों के बच्चो को पढ़ना। यदि नाले पर पुल बना है तो उस पर सभी का आना व जाना। अगर गाँव में आँगनवाड़ी या बालवाड़ी खुली है तो उसमें सभी वर्गों के बच्चों का जाना। यदि स्वर्णजयन्ती रोजगार योजना कार्यक्रम के अन्तर्गत कोई प्रशिक्षण केन्द्र खुला है तो उसमें सभी युवकों को प्रशिक्षण देना। अगर गाँव में सिलाई-कढ़ाई सेंटर खुला है तो उसमें सभी वर्गों व जातियों की लड़कियों को सिलाई व कढ़ाई सिखाना आदि-आदि।

5. समीक्षा और मूल्याँकन : कार्य योजना के अनुसार कार्य हो रहा है या नहीं इसकी समीक्षा एवं मूल्याँकन होना भी आवश्यक है। अगर ऐसा नहीं है तो कार्य योजना कितनी ही अच्छी तैयार की हो वह भी खटाई में पड़ सकती है। जाँच

महिलाओं की बैठक

की जाए कि कार्य योजना तैयार करते हुए जो मापदंड तैयार किए थे वे सही तरीके से लागू हो रहे हैं या नहीं। उदाहरण के लिए भवन निर्माण करने के लिए सीमेंट व रेत का अनुपात 1: 3 तय किया था, क्या वह अपनाया जा रहा है या नहीं। इसी प्रकार ईंटों की गुणवत्ता जो निर्धारित की थी वही खरीदी जा रही है या नहीं। मजदूरों को जो न्यूनतम मजदूरी तय की गई थी वह उनको मिल रही है या नहीं। क्षेत्र पंचायत या जिला पंचायत से वित्तीय कार्य में जो पैसा आना था वह सूची अनुसार आ रहा है या नहीं, क्योंकि पैसा की कमी के कारण यदि कार्य निर्धारित समय पर नहीं होता है तो कार्य की लागत बढ़ जाएगी।

6. स्वैच्छिक संगठनों का सहयोग : ग्रामीण विकास में पंचायतीराज संस्थाओं को सहयोग करने के लिए विभिन्न स्वैच्छिक संगठन भी कार्य कर रहे हैं। ग्राम पंचायत योजना बनाने व उसका मूल्याँकन करने के लिए इनका सहयोग ले सकती है।

वंचित वर्ग में नेतृत्व का विकास :

पंचायतों में पहली बार लगभग ग्यारह लाख महिलाएँ व साढ़े आठ लाख अनुसूचित जाति एवं जनजाति के लोग पंचायतों के तीनों स्तरों पर सदस्य व अध्यक्ष के पदों पर चुनकर आए हैं। ये सभी समाज के वंचित वर्ग से हैं। इक्का-दुक्का व्यक्ति

को छोड़कर अधिकतर लोग पहली बार पंचायतों में चुनकर आए हैं। उनमें से भी अधिकतर अनपढ़ हैं। गाँव की क्षेत्र पंचायत व जिला पंचायत की योजना बनाने के लिए उन्हें अपने नेतृत्व का विकास करना आवश्यक है। ये वर्ग कैसे अपने नेतृत्व का विकास करें, इसी के ऊपर चर्चा की है।

इन वर्गों को अपनी भूमिका में ग्रामीण विकास को नई दिशा देनी है उनको सदस्य के रूप में वार्ड को नेतृत्व देना है। प्रधान के रूप में सारे गाँव को नेतृत्व देना है। कहीं ऐसा न हो कि अपने स्तर पर नेतृत्व देने की बजाय महिलाएँ पुरुष वर्ग के व वंचित वर्ग उच्च वर्ग के हाथ की कठपुतली बनकर न रह जाये। इसलिए उन्हें अपने आप में आत्मविश्वास जगाकर अपने नेतृत्व का विकास करना है। उन्हें अपनी छुपी उर्जा की पहचान करनी है। महिलाएँ कैसे नेतृत्वहीन हो सकती हैं, बताने का प्रयास किया गया है।

भागीदारी व कार्यक्षमता का विकास :

भागीदारी का अर्थ है शिरकत करना। महिलाओं व अन्य वंचित वर्गों का पंचायतों में आरक्षण के पीछे उद्देश्य यही है कि पंचायतों के माध्यम से ग्रामीण विकास में सक्रिय भाग लेकर विकास में योगदान करें, और प्राप्त फल को भी आपस में बाँटें। इसके लिए सभी प्रकार के संसाधनों, ज्ञान व हुनर में निर्णय लेना आवश्यक है। भागीदारी से निर्णय लेने की

क्षमता बढ़ती है। निर्णय कभी-कभी कुछ कारणों से सही भी नहीं लिया जाय तो इससे घबराने की जरूरत नहीं है। इससे आगे सीख लेनी चाहिए। कहावत भी है घुड़सवार ही घोड़े से गिरते हैं। जो घोड़े पर न चढ़ा हो वह गिरेगा कैसे। इसके लिए पंचायत प्रतिनिधियों व ग्राम सभा के सदस्य को निम्न बातों का ज्ञान होना आवश्यक है।

1. बैठकों में भाग लेना : (क) ग्राम पंचायत स्तर ग्राम पंचायत की सदस्य व प्रधान पंचायत वह ग्राम सभा की बैठक में भाग लें। उत्तर प्रदेश में ग्राम पंचायत की बैठक सामान्यत: प्रत्येक माह में कम-से-कम एक बार होती है। ग्राम सभा की बैठक वर्ष में चार बार होती है।

(ख) ग्राम प्रधान उत्तर प्रदेश में क्षेत्र पंचायत के पदेन सदस्य हैं। इसकी बैठक दो माह में कम-से-कम एक बार होती है। इन बैठकों में भाग लें।

(ग) ग्राम पंचायत पर उत्तर प्रदेश की भूमि प्रबन्धक समिति, समता समिति, विकास समिति, शिक्षा समिति, लोकहित समिति बनाने का प्रावधान है। इसकी बैठक में भाग लें।

पारदर्शिता :

बैठकों में भाग लेने के अलावा पंच व सरपंच घर से बाहर निकलकर अन्य सामाजिक गतिविधियों जैसे विचार गोष्ठी, महिला मंडल की बैठक आदि में भाग लें। घर से बाहर

निकलकर गाँव में घूमें, महिलाओं व पुरुषों से मिलकर देखें कि उनकी क्या समस्याएँ हैं। किसी विशेष मौके पर अवश्य गाँव का दौरा करें। उदाहरण के लिए अगर जोर की बारिश होती है तो अक्सर देखा गया है कि गाँव के विभिन्न भागों में पानी भर जाता है। और तो और घरों में भी बरसात का पानी भर जाता है। ऐसा पानी की निकासी की उचित व्यवस्था न होने के कारण होता है। अगर प्रधान व सदस्य ऐसा स्वयं अपनी आँखों से देखते हैं तो वे पंचायत की बैठक में इसमें सुधार के लिए निर्णय ले सकते हैं।

विभिन्न मुद्दे उठाना :

ग्राम पंचायत व ग्राम सभा की बैठक में भाग लेने का अर्थ यह नहीं है कि वे वहाँ जाकर चुपचाप बैठ जाएँ। उनको इन बैठकों में गरीबों से सम्बन्धित, बच्चों से सम्बन्धित, महिलाओं से सम्बन्धित अनेक मुद्दे उठाने चाहिए, तथा उन पर अपनी राय जाहिर करनी चाहिए, ताकि उनकी हिचक दूर हो।

भागीदार से लाभ :

1. स्वयं कार्य करने की क्षमता का विकास
2. अज्ञानता से ज्ञान की ओर बढ़ना
3. व्यक्तिवाद से सामूहिकता की ओर बढ़ना
4. दूसरे पर आधारित न होकर स्वयं पर आधारित होना

5. किसी दूसरे के निर्णय को लागू करने की जगह स्वयं निर्णय लेना व लागू करना।

निर्णय लेने की क्षमता :

निर्णय लेने की क्षमता कोई भी प्राणी माँ के पेट से सीखकर नहीं आता है। वह व्यावहारिक जीवन में विभिन्न प्रक्रियाओं में भाग लेकर सीखता है। उदाहरणार्थ महिलाएँ चूँकि अभी तक परिवार तक ही सीमित रही हैं, उन्होंने अपने परिवार से सम्बन्धित ही निर्णय लिए होंगे। उदाहरण के लिए बच्चों को अमुक स्कूल में दाखिल किया है, इसका निर्णय स्कूल में ही हो रही पढ़ाई को देखकर किया होगा। कौन से खेत में कौन-सी फसल उगानी है। इसका निर्णय पानी की उपलब्धता, मिट्टी की बनावट आदि के आधार पर लिया होगा। लड़की की शादी अमुक परिवार में करनी है, इसका निर्णय उस परिवार के खानदान व आर्थिक स्थिति को देखकर किया होगा। अब उनको गाँव के बारे में निर्णय लेने हैं।

उचित निर्णय लेने का आधार :

उचित निर्णय सही सूचनाओं के आधार पर लिया जाता है। उदाहरण के लिए गाँव में 5 सिलाई मशीनें गरीब परिवारों में वितरित होनी हैं। मशीन गाँव के गरीब परिवारों को ही मिलें,

इसके लिए गरीबी क्या है? इसका ज्ञान होना जरूरी है। अगर पंचायत को यह ज्ञान नहीं है कि गरीब परिवार किन्हें कहेंगे तो हो सकता है कि सिलाई मशीनें गरीब परिवारों को न मिलकर अमीर परिवारों में बाँट दी जाये। इस प्रकार सिलाई मशीनें वितरित करने का निर्णय गलत हो जाएगा।

दूसरा उदाहरण माना कि बेसिक विभाग से पत्र आया है कि ग्राम पंचायत बताएँ कि उसे अपने स्कूल में कितने अतिरिक्त कमरे चाहिए। पंचायत को यह निर्णय लेने के लिए उसे कितने अतिरिक्त कमरे चाहिए, इसके लिए उसके पास सूचना होनी चाहिए कि गाँव में कितने बच्चे हैं जो स्कूल में कमरों की कमी के कारण स्कूल नहीं जा रहे हैं। अगर ग्राम पंचायत बिना इस सूचना के अपने मन से पत्र का जवाब दे देती है तो उसका निर्णय गलत हो गया, लेकिन यदि वह स्कूल न जाने वाले बच्चों की सही गणना करके निर्णय ले कि उन्हें कम-से-कम 2 कमरे चाहिए तो यह निर्णय सही होगा। अर्थात् उचित निर्णय के लिए सही सूचनाओं का ज्ञान होना जरूरी है। सूचनाएँ दो प्रकार से प्राप्त की जा सकती हैं।

1. गौण स्त्रोत
2. प्राथमिक स्त्रोत

गौण स्त्रोत से अर्थ उन सूचनाओं से है जो पहले ही उपलब्ध हैं। जैसे 2001 की जनगणना के अनुसार साक्षरता का स्तर। ग्राम पंचायत रजिस्टर में गरीब परिवारों की संख्या।

प्राथमिक स्रोत से अर्थ उन सूचनाओं से है जो ताजा एकत्रित की जाती हैं जैसे कि यह जानकारी करें कि 2001 में गाँव की साक्षरता दर क्या है। इसी प्रकार जनगणना करें कि 2001 में गाँव की आबादी कितनी है।

भूमिका निष्पादन (रोल प्ले) :

यहां पर उपरोक्त बातों को ध्यान में रखकर कुछ रोल प्ले दिये गए ताकि ग्रामीण नियोजन, निर्णय की प्रक्रिया को अच्छी तरह समझा जा सके।

भागीदारी से लाभ :

महिला ग्राम पंचायत की प्रधान चुनी जाने से कैसे उसके अन्दर आत्मविश्वास जागता है। कैसे वह पुरुष प्रधान समाज को चुनौती देती है। कैसे ग्राम के सही सोच वाले लोग उसके साथ आते हैं। निष्कर्ष निकलता है महिलाएँ पुरुषों की कठपुतलियाँ नहीं हैं।

श्यामू : सुना है अबकी बार तो गाँव की प्रधानी महिला के लिए सुरक्षित हो गई है।

अफला : यही नहीं भाई ! महिलाओं में भी यह सीट अनुसूचित जाति की महिला के लिए आरक्षित है।

भागीदारी का विकास

जग्गा : पता नहीं सरकार को भी क्या सूझी कि महिलाओं के लिए प्रधानी की सीट आरक्षित कर दी। अब दीप लेकर महिला ढूँढ़ने से नहीं मिलेगी, महिला गाँव में जिसे चुनाव के लिए राजी करें।

अफला : भाई सरकार का आदेश है भानना तो होगा ही। चलो रामू से बात करते हैं, सुना है कि उसकी बहू मामूली-सी पढ़ी-लिखी है। रामू को राजी कर लेते हैं, क्योंकि उप प्रधान तो श्यामू को बनाना ही है। वह तो नाम की प्रधान होगी। सारा काम तो श्यामू के जरिए ही होगा। रामू तो कुछ कर नहीं पाएगा, क्योंकि वह तो वैसे ही हमारे अनेक एहसानों से दबा पड़ा है। रामू से बात करते हैं।

रामू : चौधरी साहब आप कह रहे हो तो ठीक है।

जग्गा : भाई अपनी बहू से पूछ ले। वह राजी है या नहीं।

रामू : उसको क्या पूछना है वह तो जैसे मैं कहूँगा वैसे ही करेगी। (रती पास के कमरे में खड़ी मन-ही-मन में खुश हो रही थी कि अच्छा है एक बार मौका मिले कुछ करने का)।

अफला : ठीक है भाई पर्चा भरने परसो चलना है।

(चुनाव होते हैं चुनाव में रती विजय घोषित हो जाती है। कुछ दिन बाद उप प्रधान के भी चुनाव हुए, जिसमें श्यामू विजयी घोषित हो जाता है, एक दिन रेहना रती के पास जाती है।)

रेहना : प्रधान जी गाँव में नर्स आती ही नहीं। अब बताओं क्या करें, बच्चों को चेचक, टिटनस के टीक लगवाने थे।

रती : मुझे मालूम है तुम्हारे मुहल्ले के ही नहीं सारे गाँव के बच्चों को टीके लगाने हैं। रती गाँव के चौकीदार को चिट्ठी देकर प्राथमिक स्वास्थ्य केन्द्र में भेजती है। अगले ही दिन नर्स आ जाती है।

रेहना : आ गई मैडम जी। हमारे बच्चों की तरफ भी ध्यान रख लिया करो। सरकार नौकरी देती है तुम्हें इसी कार्य के लिए।

(इसी बीच आस पड़ोस की महिलाएँ इकट्ठी हो जाती हैं। सभी कहते हैं देखो जब गाँव की प्रधान रती है। अब इससे रात यो दिन हो कभी भी मिलकर अपनी समस्या बता सकते हैं। अब हमको घूँघट करने की जरूरत नहीं है। खुलकर अपनी बात इससे कर सकते हैं।)

इस प्रकार रती गाँव के स्कूल में अध्यापक का न आना, बेकार पड़े नलों की मरम्मत कराने और नई-नई समस्याओं से जूझने का अवसर मिला, जिससे उसमें आत्मविश्वास बढ़ा।

श्यामू : भाई अफला यह रामू की बहू जिसे प्रधान बनाया था, आगे ही आगे बढ़ती जा रही है। सभी महिलाएँ उसके पीछे लगती जा रही हैं। अगर इसको पूरे पाँच साल रहने दिया तो यह हम सभी का पत्ता साफ कर देगी।

अफला : बात तो सही है। इलाज?

जग्गा : इलाज तो वही है जो हमने पहले सोचा था। उससे त्याग पत्र ले लेते हैं। अगले चुनाव होने में 5 या 6 महीने लगेंगे ही, उसके बाद अफसरों से कुछ जुगाड़ करके चुनावों को और पीछे खिसका लेंगे। इस प्रकार प्रधानी हमारे हाथ में रहेगी। (रामू के घर जाते हैं)

अफला : अरे रामू

रामू : जय राम जी की चौधरी साहब। के बात से।

अफला : भई जरा रती के बारे में कुछ बात करनी थी।

रामू : क्या ! इसी बीच रती भी वहीं आ जाती है।

अफला : भई रती से कहो कि वह अपना त्याग-पत्र दे दें, क्योंकि तेरे को मालूम है हमारे कारण ही वह जीत पाई थी। अब हमने सोचा उसके बस की प्रधानी नहीं है।

रामू : (भोलेपन से) क्यों रती ये चौधरी साहब क्या कह रहे हैं। देख लो दे दो इस्तीफा। और क्या करना है प्रधानी का।

रती : (थोड़ा गुस्से में लेकिन आत्मविश्वास के साथ) क्यों दे दूँ त्याग-पत्र। मेरे को सभी गाँववालों ने वोट देकर प्रधान बनाया है। मैं इन चौधरी की वोटों से नहीं बनी हूँ। फिर मैंने प्रधान बनने के बाद गाँव में अनेक सुधार किए हैं। क्यों दे दूँ मैं इस्तीफा।

जग्गा : तेरे को तो हटाने का और भी तरीका है। हम अविश्वास ला देंगे तेरे खिलाफ।

यह बात सारे गाँव में फैल जाती है कि रती को हटाने के प्रयास-किए जा रहे हैं। गाँव की सभी महिलाएँ व गाँव का विकास चाहने वाले पुरुष रती के साथ हो जाते हैं। इस प्रकार जग्गा, श्यामू व अफला की हिम्मत नहीं पड़ती रती के खिलाफ अविश्वास प्रस्ताव लाने की। रती को उससे और अधिक विश्वास पैदा हो जाता है और सोचती है कि यह सहभागिता का अवसर मिलने से ही ऐसा हो पाया।

सही निर्णय :

गाँव पंचायत की बैठक ही चल रही है। गाँव के प्रधान कैलाशो इसकी अध्यक्षता कर रही है।

सेवक : पंचायत घर पर पुताई करने की जरूरत है। तीन साल से उसकी पुताई नहीं हुई है।

ओमवती : स्कूल की मरम्मत होनी चाहिए। स्कूल की चारदीवारी में उत्तर की तरफ से दरार आ गई है।

तारा : मेरे घर के पास का रास्ता बड़ा खराब है, उस पर खडंजा डालना चाहिए।

सज्जो : आप लोग क्या भूल गए। गाँव में जो प्राथमिक स्वास्थ्य केन्द्र है उसमें दवाई न होने के कारण पिछले महीने सत्तो की मौत हो गई थी। जिले से दवाई आने में समय लगता है, इसलिए गाँव पंचायत को स्वयं आवश्यक दवाइयों को स्वास्थ्य केन्द्र में उपलब्ध कराना चाहिए। इसी प्रकार अन्य सदस्य भी कई समस्याएँ उठाते हैं। अब ग्राम पंचायत को निर्णय लेना है।

कैलाशो : देखो सभी ने अपनी-अपनी समस्याएँ रखी हैं, लेकिन अब इन समस्याओं में देखना यह है कि किस्को सबसे पहले तव्वजो देनी है। पंचायत घर पर पुताई अगले वर्ष हो सकती है। स्कूल मरम्मत जब आगे पैसा होगा, उससे कर लेंगे। खडंजा भी इसी प्रकार आगे डाला जा सकता है, लेकिन स्वास्थ्य केन्द्र में आवश्यक दवाइयों को नहीं टाला जाता, इसलिए यह कार्य प्राथमिकता पर होना

चाहिए। सभी पंचायत के सदस्य कैलाशो की बात से सहमत हो जाते हैं, क्योंकि उसने बिना पक्षपात के गाँव की भलाई को ध्यान में रखकर सही निर्णय लिया है।

ग्यारहवीं अनुसूची

(अनुच्छेद 243 छ)

1. कृषि, जिसके अन्तर्गत कृषि - विस्तार है।
2. भूमि विकास, भूमि सुधार का कार्यान्वयन चकबन्दी और भूमि संरक्षण।
3. लघु सिंचाई, जल प्रबन्ध और जल विभाजन क्षेत्र का विकास।
4. पशुपालन, डेरी उद्योग और कुक्कट - पालन।
5. मत्स्य उद्योग।
6. सामाजिक वानिकी और कार्म वानिकी।
7. लघु वन उपज।
8. लघु उद्योग, जिनके अन्तर्गत खाद्य प्रस्संकरण उद्योग भी हैं।
9. खादी, ग्रामोद्योग और कुटीर उद्योग।
10. ग्रामीण आवासन।
11. पेय जल।
12. ईंधन और चारा।

13. सड़कें, पुलिया, पुल, फेरी, जलमार्ग और अन्य संचार साधन।
14. ग्रामीण विद्युतीकरण, जिसके अन्तर्गत विद्युत का वितरण है।
15. अपारम्परिक ऊर्जा स्त्रोत।
16. गरीबी उन्मूलन कार्यक्रम।
17. शिक्षा, जिसके अन्तर्गत प्राथमिक और माध्यमिक विद्यालय भी हैं।
18. तकनीकी प्रशिक्षण और व्यावसायिक शिक्षा।
19. प्रौढ़ और अनौपचारिक शिक्षा।
20. पुस्तकालय।
21. सांस्कृतिक क्रियाकलाप।
22. बाजार और मेले।
23. स्वास्थ्य और स्वच्छता, जिनके अन्तर्गत अस्पताल, प्राथमिक स्वास्थ्य केन्द्र और औषधालय भी हैं।
24. परिवार कल्याण।
25. महिला और बाल-विकास।
26. समाज कल्याण जिसके अन्तर्गत विकलांगों और मानसिक रूप से मन्द व्यक्तियों का कल्याण भी है।
27. दुर्बल वर्गों का और विशिष्टतया, अनुसूचित जातियों और अनुसूचित जनजातियों का कल्याण।
28. सार्वजनिक वितरण प्रणाली।
29. सामुदायिक आस्तियों का अनुरक्षण।

ग्राम सभा, पारदर्शिता व समाज विकास

अगर हम आजादी के अब तक ग्रामीण विकास के विभिन्न कार्यक्रमों का अध्ययन करें, तो पाते हैं कि ग्रामीण विकास की प्रक्रिया में समाज के वंचित वर्गों (अर्थात् अनुसूचित जाति, अनुसूचित जनजाति व महिलाओं) की भागीदारी नहीं बराबर रही है। उनका विभिन्न योजनाओं को बनाने में, उनके लागू करने में, उनका आकलन करने में भागीदारी नहीं रही है। उनके लिए सरकार ने जो योजना थोप दी, उन्होंने मान ली, चाहे वह उनके लिए उचित हो या न हो। कारण, उनके पास अपनी बात कहने का विकास की योजनाओं / कार्यों को लागू करने का कोई 'फोरम' नहीं था लेकिन अब ऐसा नहीं है। अगर हम पंचायती राज व्यवस्था को देखें तो पाते हैं कि पंचायतों के तीनों स्तरों अर्थात्, ग्राम पंचायत, क्षेत्र पंचायत या पंचायत समिति या जनपद पंचायत व जिला पंचायत में गाँव के मतदाता अपने प्रतिनिधियों को पंच, सरपंच, अध्यक्षों को वैसे ही चुनते हैं, जैसे वे अपने विधायक को विधान मंडल या संसद को सांसद के लिए चुनते आए हैं लेकिन वे स्वयं इन संस्थाओं में प्रत्यक्ष रूप से भागीदार नहीं हो पाए लेकिन ग्राम

ग्राम सभा ग्रामों के समुहों को मिलाकर बनाई जाती है, वहाँ पर सबसे अधिक जनसंख्या वाले गाँव से ही ग्राम सभा का नाम दिया जाता है। ग्राम स्वराज की सही अभिव्यक्ति ग्राम सभा द्वारा ही हो सकती है। वैसे तो वयस्क ही ग्राम सभा के सदस्य होंगे, क्योंकि यह कानूनी व्यवस्था को ध्यान में रखते हुए, यह मानते हैं कि बालिग ही गाँवों के विभिन्न मुद्दों पर परिपक्वता से निर्णय ले सकते हैं, इसलिए वयस्क ही ग्राम सभा के सदस्य होंगे।

लेकिन वांछनीय होगा, जिस वर्ग के लिए निर्णय लिया जाना है, उनकी राय ले ली जाए और इसके लिए उन्हें विशेष रूप से ग्राम सभा में आमन्त्रित किया जा सकता है। बच्चों को प्रभावित करने वाले मुद्दों पर उनकी राय ली जा सकती है। उदाहरण के लिए, यदि गाँव में स्कूल बनना है तो उसके स्थल चयन व इमारत के स्वरूप के लिए बच्चों की सहभागिता सुनिश्चित कर ली जाए, तो बेहतर होगा।

ग्राम सभा का स्वरूप देश की संसद की तरह है। जिस प्रकार प्रधान मन्त्री या केन्द्र में मन्त्री बनने के लिए उम्मीदवार को संसद का सदस्य होना आवश्यक है, उसी प्रकार, पंच, सरपंच, क्षेत्र पंचायत का सदस्य या जिला पंचायत का सदस्य बनाने के लिए ग्राम सभा का सदस्य होना आवश्यक है वास्तव में ग्राम पंचायत ग्राम सभा की कार्य पालक समिति है, क्योंकि ग्राम पंचायत ग्राम सभा के निर्णय को लागू करती है।

ग्राम सभा की बैठकें : शुरू में ग्राम सभा की वर्ष में दो बैठकें होना अनिवार्य था। एक बैठक खरीफ की फसल कटने के तुरन्त बाद व दूसरी बैठक रबी की फसल कटने के तुरन्त बाद। इन दो बैठकों के अलावा ग्राम सभा के कम-से-कम 25 प्रतिशत सदस्यों की मांग पर या नियत प्राधिकारी प्रधान को लिखित रूप से बैठक बुलाने के लिए कहे तो साधारण बैठक 30 दिन के अन्दर भी बुलाई जा सकती है।

ग्राम सभा की बैठकों के बारे में वर्ष 1998 से केन्द्रीय सरकार के ग्रामीण विकास मन्त्रालय ने राज्य सरकारों से यह सुनिश्चित करने का अनुरोध किया गया कि ग्राम सभा की बैठक प्रत्येक तिमाही में एक बार निश्चित रूप से 26 जनवरी (गणतन्त्र दिवस), 1 मई (श्रम दिवस), 15 अगस्त (स्वतन्त्रता दिवस) व 2 अक्टूबर (गाँधी जयन्ती) के अवसर पर आयोजित की जाये।

बैठक समय व स्थान : ग्राम सभा की सभी बैठकों का समय एवं स्थान निर्धारित रीति के द्वारा होगा लेकिन ग्राम पंचायत में ग्राम सभा की बैठक व समय एवं स्थान गाँव वालों की सुविधा को ध्यान में रखकर निर्धारित करना चाहिए। बैठक का समय ऐसा होना चाहिए, जिसमें अधिक-से-अधिक ग्रामवासी भाग ले सकें। अगर बैठक का समय ऐसा रख लिया, जिस समय महिलाएँ घर के काम में लगी हो या मजदूर या किसानी करने वाले परिवार खेत में हों तो, उससे कोई लाभ नहीं होगा, क्योंकि सभी की भागीदारी सुनिश्चित

नहीं हो पाएगी। अगर बैठक रात के समय या शाम के समय रख दी जाए तो तब भी सभी शामिल नहीं हो पाएँगे।

इसी प्रकार स्थान का चयन भी महत्त्वपूर्ण है। बैठक की जगह वह होनी चाहिए, जहाँ पर गाँव के सभी व्यक्ति आ सकें। अर्थात् बैठक पंचायत घर, स्कूल या अन्य किसी पब्लिक स्थान पर होनी चाहिए, क्योंकि आप जानते हैं कि यदि बैठक किसी खास व्यक्ति के घर पर या प्रधान के घर पर रख दी जाती है, तो हो सकता है आपसी रंजिस के कारण सभी लोग उनके घर पर बैठक में शिरकत न करें।

बैठकों की आवृत्ति : ग्राम सभा की बैठकों की आवृत्ति के बारे में एक दिलचस्प बात बताना यहाँ जरूरी है। देश के कुछ राज्य जैसे, हरियाणा, मध्य प्रदेश व महाराष्ट्र में प्रावधान है कि यदि प्रधान ग्राम सभा की न्यूनतम बैठकें नहीं बुला पाता है, तो उसे अपने पद से हाथ धोना पड़ सकता है लेकिन यह तभी सम्भव है जब ग्राम सभा जागरूक हो। इसका दूसरा पहलू यह भी है कि यदि ग्राम सभा जागरूक है तो प्रधान की हिम्मत ही नहीं है कि वह ग्राम सभा की निर्धारित बैठकें न बुलाए।

बैठकों का नोटिस : अलग-अलग राज्यों में ग्राम सभा की बैठक की जानकारी ग्राम सभा के सदस्यों को देने का तरीका अलग-अलग है। महाराष्ट्र राज्य में प्रावधान है कि बैठक का नोटिस कुछ खास जगहों पर बैठक के सात दिन पहले लगाना जरूरी है। साथ ही ग्राम पंचायत के सभी गाँवों

में इस बारे में ढिंढोरा भी पिटवाया जाता है। केरल राज्य में प्रावधान है कि सरपंच को सभी परिवारों को लिखित सूचना देनी होती है। इसके साथ वार्ड सदस्य से उम्मीद की गई है कि वह अपने क्षेत्र के सभी परिवारों को घर-घर जाकर नोटिस बाँटेगा व मौखिक रूप से भी लोगों को बैठक में हिस्सा लेने के लिए प्रेरित करेगा।

बैठकों का कोरम : किसी भी बैठक की वैधता के लिए एक निश्चित सदस्यों का उपस्थित होना अनिवार्य है। इसी को कोरम कहते हैं। अलग-अलग राज्यों में ग्राम सभा की बैठक का कोरम अलग-अलग रखा है। उदाहरणार्थ, उत्तर प्रदेश में ग्राम सभा की बैठक का कोरम कुल ग्राम सभा के सदस्यों का पाँचवाँ हिस्सा है। अर्थात् यदि ग्राम सभा के सदस्यों की संख्या 100 है तो कम-से-कम 20 सदस्य का बैठक में होना आवश्यक है। केरल में कहा गया है कि ग्राम सभा के कुल सदस्यों का दसवाँ हिस्सा मौजूद रहना चाहिए, अर्थात् यदि ग्राम सभा के 100 सदस्य हैं तो 10 का बैठक में उपस्थित रहना आवश्यक है। यहाँ पर यह भी प्रावधान किया है कि यदि किसी ग्राम के सदस्यों में अनुसूचित जनजाति के सदस्यों की संख्या 50 से कम है तो उन्हें ग्राम सभा की उपसमिति समझा जाएगा, और उन्हें अपने क्षेत्र में अपने समूह के परिवारों के विकास के बारे में ग्राम सभा के अधिकारों, कार्यों और दायित्वों को पूरा करने की छूट होगी।

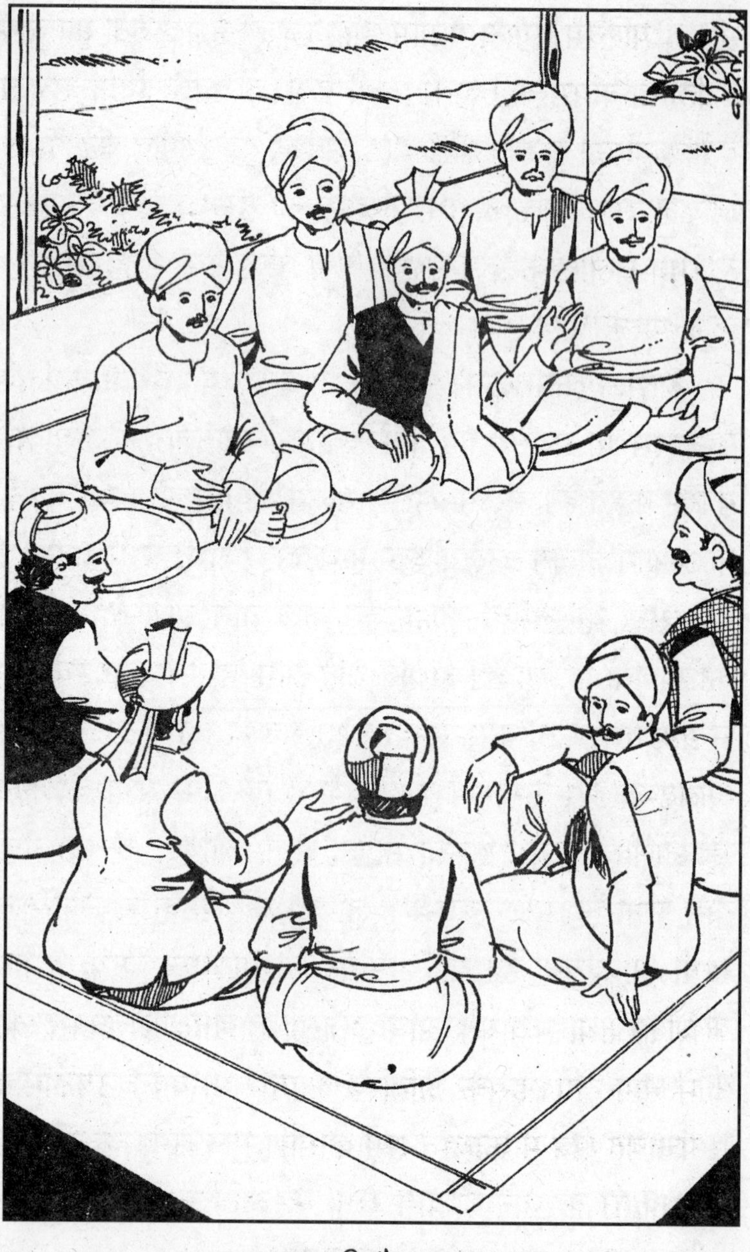

ग्राम सभा की बैठक का दृश्य

पश्चिम बंगाल में ग्राम सभा की कुल सदस्यता का बीसवाँ हिस्सा कोरम के रूप में निर्धारित है। हरियाणा में कुल सदस्यों की संख्या का 5वाँ हिस्सा कोरम के रूप में निर्धारित है। कुछ राज्यों जैसे पश्चिम बंगाल व उड़ीसा में वार्ड स्तर पर सभा बुलाई जाती है। इन राज्यों में इन्हें क्रमशः ग्राम संसद व पाल्ली सभा कहते है।

राज्यों के पंचायती राज अधिनियमों में प्रावधान है कि कोरम के अभाव में स्थगित की गई बैठक के बाद आयोजित बैठक के लिए कोरम की आवश्यकता नहीं होती। यह पंचायत अधिनियमों में बहुत गम्भीर कमी है, जिससे सरपंच या प्रधान अथवा सरकारी अधिकारी अपना उल्लू सीधा करने के लिए आसानी से ग्राम सभा की अनदेखी कर सकते हैं। इसलिए ग्राम सभा के सदस्यों को निर्धारित ग्राम सभा की बैठक में बढ़-चढ़कर भाग लेना चाहिए, ताकि बैठक स्थगित करने की नौबत ही न आए।

हरियाणा राज्य में ग्राम सभा की उपस्थिति के बारे में प्रावधान है कि खंड विकास एवं पंचायत अधिकारी या समाज शिक्षा तथा पंचायत अधिकारी या विस्तार अधिकारी बैठक में भाग लेंगे। इसके अतिरिक्त ग्राम सभा की बैठकों में ग्राम पंचायत क्षेत्र में कार्यरत सभी ग्रामीण स्तर के कार्यकर्ताओं को बुलाया जा सकता है, ताकि ग्राम सभा उनसे विभिन्न विषयों पर बातचीत कर सके, उनसे उनके नियमों से सम्बन्धित कार्यों

में क्या प्रगति हुई है, उसके ऊपर चर्चा कर सकें तथा ये कर्मचारी भी बैठक में आनेवाले विषयों के सम्बन्ध में अपनी राय दे सकते हैं।

ग्राम सभा की बैठक में जितने अधिक-से-अधिक सदस्य भाग लेंगे उतनी ही यह संख्या जीवन्त एवं मजबूत होगी। प्रायः देखने में आया हैं कि ग्राम प्रधान घर-घर जाकर ग्राम सभा का कोरम पूरा करने के लिए ग्राम सभा के सदस्यों के हस्ताक्षर करा लेता है, जो गलत है। वह इस प्रकार की गतिविधि से ग्राम सभा को धोखा देता है।

ग्राम सभा का अध्यक्ष व सचिव : अधिकतर राज्यों में प्रधान या सरपंच ग्राम सभा की अध्यक्षता करेगा तथा ग्राम पंचायत सचिव ग्राम सभा के सचिव के रूप में कार्य करेगा तथा बैठक की कार्यवाही व विभिन्न फैसलों की मिनट तैयार करेगा।

ग्राम सभा के निर्णय व उनका रिकार्ड : लगभग सभी राज्यों में ग्राम सभा के निर्णय बहुमत के आधार पर होते हैं। कुछ राज्यों में फैसले आम सहमति से लिए जाने की प्राथमिकता भी है, लेकिन असहमति की स्थिति में निर्णय लेने का तरीका मतदान द्वारा ही सम्पन्न होगा। मध्य प्रदेश में तो प्रावधान है कि सरपंच व पंच के वापिस बुलाने के अधिकार को छोड़कर सभी निर्णयों पर मतदान हाथ उठाकर किया जाएगा।

ग्राम सभा का सचिव ग्राम सभा के सभी निर्णयों को ईमानदारी से दर्ज करेगा और अध्यक्ष बैठक की कार्यवाही की पुष्टि करेगा। केरल में प्रावधान है कि सचिव कार्यवाही का ब्यौरा सदस्यों के सामने पढ़कर सुनाएगा और बैठक के दौरान उपस्थित सभी सदस्यों द्वारा उसकी पुष्टि की जाएगी।

ग्राम सभा के अधिकार व कार्य : राज्यों के पंचायती राज अधिनियमों का सर्वेक्षण करने से पता चलता है कि कमोबेशी ग्रामीण योजना व विभिन्न विकास कार्यक्रमों की मंजूरी देना, ग्राम पंचायत आय व व्यय पर विचार करना, विभिन्न कार्यक्रमों के अन्तर्गत लाभार्थियों का चयन करना, पंचायत कर्मियों पर निगरानी रखना व ग्रामवासियों में आपस में एकता एवं सौहादर्य बनाए रखना आदि कार्य दिए गए हैं। उत्तर प्रदेश पंचायती राज अधिनियम द्वारा ग्राम सभा निम्न मामले पर विचार करेगी और ग्राम पंचायत को सिफारिश और सुझाव दे सकती है।

- ग्राम पंचायत के खातों का मासिक विवरण तैयार करना। पहले वित्तयी वर्ष (वित्तीय वर्ष अप्रैल से शुरू होता है और मार्च में सम्पन्न होता है) की प्रशासन की रिपोर्ट व अन्तिम लेखा परीक्षा टिप्पणी और उस पर दिए गए उत्तर यदि कोई हो।
- पिछले वित्तीय वर्ष से सम्बन्धित ग्राम पंचायत के विकास कार्यक्रमों और चालू वित्तीय वर्ष के लिए प्रस्तावित विकास कार्यक्रमों की रिपोर्ट।

महिला शिक्षा

- ग्राम समाज के सभी वर्गों के बीच एकता और आपसी भाईचारे में वृद्धि।
- प्रौढ़ शिक्षा कार्यक्रम।
- अन्य कार्य जो बैठक में तय किए जाएँ।
- उपरोक्त के अलावा ग्राम सभा निम्न वर्गों के सम्पादन भी करेगी।
- सामुदायिक कल्याण कार्यक्रमों के लिए स्वैच्छिक श्रम व अंशदान जुटाना।
- ग्राम से सम्बन्धित विकास योजनाओं के कार्यान्वयन के लिए लाभार्थियों की पहचान।

उदाहरणार्थ, विभिन्न ग्रामीण विकास कार्यक्रमों जैसे इन्दिरा आवास योजना, स्वर्ण जयन्ती रोजगार योजना के अन्तर्गत गरीब परिवारों के लिए मकान बनाने व अपना स्वयं का कोई धन्धा शुरू करने के लिए अनुदान देने का प्रावधान है। इन कार्यक्रमों के अन्तर्गत लाभार्थियों का चयन ग्राम सभा अपनी बैठक में सभी के सामने करेगी। ग्राम पंचायत अपने आप लाभार्थियों का चयन नहीं कर सकती और अगर करती है वह गैर कानूनी है।

- ग्राम से सम्बन्धित विकास योजनाओं के क्रियान्वयन में सहायता पहुँचाना।

यहाँ पर यह भी बता दें कि कुछ राज्यों में ग्राम सभा को महत्त्वपूर्ण अधिकार प्रदान किए हैं। उदाहरणार्थ मध्य प्रदेश में

ग्राम सभा को पंच व सरपंच को उनके पद से वापिस बुलाने का अधिकार दिया गया है। आन्ध्र प्रदेश, गोवा व उड़ीसा में इस संस्था को अतिरिक्त कर व वित्तीय साधन जुटाने के लिए क्षेत्रों की पहचान एवं सिफारिश करने का अधिकार दिया है।

पंचायत प्रावधान (अनुसूचित क्षेत्रों तक विस्तार) अधिनियम 1996 में पाँचवी अनुसूची वाले क्षेत्रों (हिमाचल प्रदेश, राजस्थान, गुजरात, महाराष्ट्र, मध्य प्रदेश, बिहार, उड़ीसा व आन्ध प्रदेश राज्यों के आदिवासी बाहुल्य क्षेत्र) में ग्राम सभाओं को जल, जंगल व जमीन पर पूर्ण अधिकार दिया है, जो संक्षेप में इस प्रकार हैं :

- ग्राम सभा जनता के रीति-रिवाजों और परम्पराओं की सुरक्षा और संरक्षण के लिए उत्तरायी होगी।
- ग्राम सभा को सामाजिक और आर्थिक विकास के लिए कार्यक्रमों और परियोजनाओं को अनुयोजित करने, गरीबी उन्मूलन कार्यक्रमों के लिए लाभार्थियों की पहचान करने और धनराशि के उपयोग को प्रमाणित करने के अधिकार प्राप्त हैं।
- जन जातीय समुदायों का भूमि, पानी, छोटे वन, उत्पाद, गौण खनिजों आदि प्राकृतिक व आर्थिक संसाधनों पर नियन्त्रण होगा।
- किसी विकास परियोजना के लिए भूमि अर्जित करने हेतु परियोजना से प्रभावित व्यक्तियों के पुनर्वास के लिए

और गौण खनिजों के विदोहन के लिए ग्राम सभा की पूर्ण सिफारिश अनिवार्य होगी।

- मद्य निषेध प्रवर्तित करने या किसी मादक द्रव्य के विक्रय और उपभोग को विनियमित या प्रतिबन्धित करने की शक्ति।
- ग्राम बाजारों के प्रबन्ध का अधिकार।
- आदि वासियों को धन उधार देने पर नियन्त्रण रखने का अधिकार।
- स्थानीय योजनाओं और ऐसी योजनाओं के जिनमें जनजातीय उपयोजनाएँ शामिल हैं, स्रोतों पर नियन्त्रण का अधिकार।

वैसे ग्राम सभा के उपरोक्त अधिकार व शक्तियाँ जनजातीय क्षेत्रों के लिए हैं, लेकिन मध्य प्रदेश सरकार के 1999 के संशोधन द्वारा इन्हें गैर जनजातीय क्षेत्रों की ग्राम सभाओं को भी विस्तृत अधिकार देने के प्रयास किए हैं।

ग्राम सभाओं को सशक्त करने के लिए भारत सरकार ने वर्ष 1999-2000 को 'ग्राम सभा वर्ष' के रूप में मनाने का निर्णय लिया था, इस मान्यता के आधार पर कि ग्राम सभा सहभागितापूर्ण, प्रजातन्त्र और विकेन्द्रीकरण के लिए महत्त्वपूर्ण एवं सशक्त संस्था है। मन्त्रालय ने 17 मार्च, 1999 को सभी मुख्य मन्त्रियों व प्रशासकों से अनुरोध किया गया था कि वे ग्राम सभा को शक्तिशाली बनाने के उपाय करें।

ग्रामीण विकास योजना के लिए आवेदन करते ग्रामीण

- ग्राम सभा और ग्राम पंचायत के मध्य वहीं सम्बन्ध हों जो विधान मंडल व सरकार के बीच होता है। ग्राम पंचायतों को ग्राम सभा के प्रति पूर्ण रूप से उत्तरदायी होना चाहिए। पंचायत के सदस्य केवल तभी तक पदासीन रह सकते हैं, जब तक उन्हें ग्राम सभा का विश्वास प्राप्त है।
- ग्राम सभा के पास गाँव में विभिन्न कार्यक्रमों के लिए प्राथमिकताएँ निर्धारित करने और बजट का अनुमोदन करने की पूरी शक्तियाँ होनी चाहिए। गाँव में कोई भी कार्यक्रम शुरू करने के लिए ग्राम सभा का पूर्ण अनुमोदन अनिवार्य होना चाहिए। व्यय के प्रमाणीकरण और वित्तीय लेन-देन के स्वामित्व को अनिवार्य बनाया जाना चाहिए और ग्राम सभा इसके लिए उत्तरदायी हो।
- किसी भी प्राधिकरण द्वारा भूमि, जल, वन सहित प्राकृतिक संसाधनों के लिए ग्राम सभा की सहमति आवश्यक होनी चाहिए। सार्वजनिक उद्देश्यों के लिए भूमिका अर्जन करने और अन्य रूपों में भूमि हस्तान्तरण से पहले ग्राम सभा के साथ परामर्श को अनिवार्य बनाया जाना चाहिए।
- ग्राम सभा को नशीले पदार्थों से सम्बन्धित सभी मामले, जिसमें उनका निर्माण, विक्रय, परिवहन और मादक द्रव्यों का उपभोग शामिल है, का पूर्ण अधिकार दिया जाना चाहिए और यदि ग्राम सभा चाहे तो इसे पूर्ण प्रतिबन्ध करने का भी अधिकार होना चाहिए।

- उपर्युक्त प्रावधान करके महिलाओं, अनुसूचित जाति व अनुसूचित जनजाति के सदस्यों की ग्राम सभा में भागीदारी अनिवार्य बनायी जानी चाहिए, ताकि ग्राम सभा की बैठकों में उनका कोरम हो।
- ग्राम सभा के पास प्राकृतिक न्याय के सिद्धान्त का अनुसरण करते हुए निर्णय लेने की शक्तियों सहित अनेक कार्य सम्पादन के लिए स्वयं प्रक्रिया बनाने की शक्तियाँ होनी चाहिए। सरकार द्वारा समय-समय पर इस सम्बन्ध में जारी नियम एवं विनियम उसके लिए दिशा निर्देश माने जाने चाहिए।

उपरोक्त अध्ययन से स्पष्ट है कि ग्राम सभा पंचायती राज्य व्यवस्था की रीढ़ की हड्डी है। इसको सशक्त करने के विभिन्न प्रयास किए गए, लेकिन अन्ततः इस संस्था का जीवन्त होना या न होना आम जनता की भागीदारी पर निर्भर करता है। आम जनता की भागीदारी इस बात पर निर्भर करती है कि उनका इसमें भाग लेने से कितना लाभ हो रहा है, क्योंकि अक्सर महिलाओं व समाज के कमजोर वर्गों को कहते हुए देखा गया है कि हम क्यों ग्राम सभा के चक्कर में अपनी दिहाड़ी खोएँ।

सामाजिक लेखा-परीक्षा व सूचना का अधिकार

ग्राम सभा के कार्य व शक्तियों से स्पष्ट होता है कि इस संस्था का दायित्व है कि वह पंचायत के कार्यों व सरकारी व अपने

कर्मचारियों की कार्य प्रणाली पर निगरानी रखे और देखरेख करे। कुछ राज्य जैसे राजस्थान, बिहार, गोवा, मणिपुर आदि में तो सतर्कता समितियाँ बनाने का प्रावधान किया गया है। ग्राम सभा को कमोबोश यदि 'वाचडाग' की संज्ञा दी जाए तो कोई अतिशयोक्ति नहीं होगी। इस सन्दर्भ में भारत सरकार के ग्रामीण विकास मन्त्रालय ने ग्राम सभा द्वारा सामाजिक लेखा परीक्षा अनिवार्य बना दिया है। तथा कई राज्यों ने ग्राम सभा को सामाजिक लेखा परीक्षा के कानूनी अधिकार दे दिए हैं। सामाजिक लेखा परीक्षा से अर्थ है कि ग्राम सभा (जो ग्रामीण समाज के सभी वर्गों से मिलकर बनी है) अपने स्तर में ग्राम पंचायत द्वारा किए गए कार्यों का आकलन करे।

आइए इस मुद्दे पर केरल, मध्य प्रदेश व राज स्थान के उदाहरण देते हुए व्याख्या करते हैं।

केरल में ग्रामीण विकास के कार्यक्रमों के लागू करने में ग्राम सभा द्वारा पारदर्शिता बनाए रखने का प्रयास किया है। राज्य सरकार ने विभिन्न ग्रामीण विकास व गरीबी उन्मूलन कार्योंक्रमों के अन्तर्गत लाभार्थियों के चयन, आकलन, विभिन्न कार्यों के बिल व बाउचर सभी दस्तावेजों को सार्वजनिक घोषित किया गया है। अतः गाँव का कोई भी सदस्य इनको देख सकता है। यही नहीं राज्य सरकार ने सूचना के प्रसार के लिए सभी ग्राम पंचायतों में फोटो कापिंग मशीन की व्यवस्था भी की है, ताकि नागरिक इच्छानुसार

सूचनाओं की कापी ले सके। वैसे केरल में ग्रामीण विकास के कार्यक्रमों में पारदर्शिता लाकर भ्रष्टाचार रोकने के प्रयास किए हैं, लेकिन यह व्यवस्था सामाजिक परीक्षा का विकल्प नहीं है, क्योंकि इसको संवैधानिक मान्यता प्राप्त नहीं हैं। इस ओर मध्य प्रदेश में महत्त्वपूर्ण प्रयास किए हैं। आइए उस पर एक नजर डालते हैं।

मध्य प्रदेश सरकार के दिशा निर्देश अनुसार ग्राम सभा को जांच-पड़ताल द्वारा मालूम पड़ता है कि ग्राम पंचायत ने विकास कार्यों के क्रियान्वयन में हेरा-फेरी की है, तो वह इसकी विस्तृत रिपोर्ट सब डिविजनल अधिकारी को भेज सकती है। सब डिवीजनल अधिकारी इस शिकायत का मामला दर्ज करेगा। सब डिवीजनल अधिकारी इस मामले की जाँच के लिए एक समिति गठित करेगा। उस समिति में पंचायतों के प्रतिनिधियों के अतिरिक्त ऐसे प्रतिनिधियों को भी शामिल किया जाएगा, जिनकी परियोजना (जिसके बारे में शिकायत भी है) से सम्बन्ध नहीं है। इसके अतिरिक्त समिति में एक तकनीकी अधिकारी और एक किसी निष्पक्ष व्यक्ति को शामिल किया जाने का प्रावधान है। यह समिति सम्पूर्ण मामले की जाँच करके रिपोर्ट सब डिवीजनल अधिकारी को प्रस्तुत करेगी। सब डिवीजनल अधिकारी इस रिपोर्ट को किसी अधिकारी के माध्यम से ग्राम सभा के सामने रखेगा। ग्राम सभा मामले के विभिन्न पहलुओं की जाँच कर इस निष्कर्ष पर आती है कि

वास्तव में भ्रष्टाचार हुआ है, तो सब डिवीजनल अधिकारी को कार्यवाही करनी पड़ेगी।

सामाजिक लेखा परीक्षा की दृष्टि से मध्य प्रदेश विधान ने 24 अप्रैल 1999 को एक विधेयक पारित कर ग्राम सभाओं को पंच व सरपंच को वापिस बुलाने का अधिकार दिया है। यदि वे पंच या सरपंच के कार्य से सन्तुष्ट नहीं हैं। इस कानून अनुसार ग्राम सभा अपने प्रतिनिधियों की वापसी के सिलसिले में कोई भी कार्रवाई उनके कार्यकाल के दो साल समाप्त होने के बाद कर सकती है। सरपंच के मामले में ग्राम सभा के एक तिहाई सदस्यों को एक नोटिस पर हस्ताक्षर कर उसे ग्राम पंचायत के प्रखंड विकास अधिकारी को देना होगा। पंच के मामले में वार्ड के कम-से-कम एक तिहाई सदस्यों को इस प्रक्रिया में भागीदारी अनिवार्य है। पंच के मामले में वार्ड के सभी सदस्य मत दे सकते हैं। मतदान गुप्त होगा। जिस सरपंच को वापस बुलाया जा रहा है, वह उस ग्राम सभा की अध्यक्षता नहीं करेगा। यदि ग्राम सभा के आधे से अधिक सदस्य सरपंच के विरुद्ध मतदान करते हैं, तो सरपंच को अपने पद से मुक्त होना पड़ेगा। यदि वार्ड के आधे से अधिक सदस्य पंच के विरुद्ध मतदान करते हैं, तो वह अपने पद से मुक्त हो जाएगा। यदि सरपंच या पंच वापस बुलाने की बैधता को चुनौती देना चाहता है, तो उसे अपने पद से हटने के 7 दिनों के भीतर जिलाधीश के यहाँ अपील कर सकता है।

निःसन्देह यदि वापिस बुलाने का अधिकार ईमानदारी से लागू किया गया तो, देश के ग्रामीण क्षेत्र में विकेन्द्रीकृत शासन, योजना व विकास में सुधार लाने की दिशा में एक महत्त्वपूर्ण कदम है। चुने जाने के बाद जन प्रतिनिधि निरंकुश हो जाते हैं। चुने प्रतिनिधियों पर उनको चुनने वालों का ही नियन्त्रण नहीं रहता। इससे जनता व उसके प्रतिनिधि के बीच का रिश्ता टूट जाता है। मध्य प्रदेश का यह सरकार कानूनी प्रयास शायद इस रिश्ते को बरकरार रखने में कामयाब होगा।

हाँ, इसमें कोई दो राय नहीं है कि सामाजिक लेखा परीक्षाओं को कानून का आधार देने पर यह प्रक्रिया अधिक प्रभावी होगी लेकिन यदि जनता जागरूक है व जनता के गैर राजनैतिक संगठन इस ओर प्रयासरत हैं तो काफी हद तक सामाजिक लेखा आकलन को राजस्थान में मजूदर किसान संगठन नाम के एक जन संगठन ने कई सार्वजनिक कार्यों की ग्राम सभाओं के माध्यम से सफल बनाने की अच्छी पहल की है। राजस्थान में अकाल राहत कार्यक्रमों में न्यूनतम मजदूरी लागू करने की कोशिश में मजदूर किसान शक्ति संगठन ने जब पंचायतों के रिकार्ड देखे तो सामने आया कि 'मस्टर रोल' में अनेक फर्जी नाम दर्ज थे। इस मामले को लेकर 1994 में जन सुनवाई का सिलसिला शुरू किया गया, तो अन्य अनेक तथ्य सामने आए। उदाहरणार्थ रिकार्ड में स्कूल भवन बन

चुका है, जबकि मौके पर मात्र दीवार ही बनी थी। कागजों पर सड़क, तालाब व धर्मशाला बन चुकी थी, जबकि हकीकत में वहाँ पर एक ईंट भी नहीं पहुँची थी। इस प्रकार जगह-जगह ग्रामवासियों ने अपने क्षेत्रों में विकास कार्यों का भंडाफोड़ किया और इस प्रकार पंचायतों में फैले भ्रष्टाचार व हेराफेरी का पर्दाफाश हुआ। वास्तव में मजदूर किसान शक्ति संगठन ने भ्रष्टाचार को आम आदमी की रोजी-रोटी व अन्य जरूरतों से जोड़ दिया। इसकी राष्ट्रीय स्तर के विभिन्न बुद्धिजीवियों व सम्मानित व्यक्ति जैसे न्यायधीश, पी. वी. सावंत, अजित भट्टाचार्य, उपेन्द्र वाजपेयी, प्रभाष जोशी, वेणु गोपाल व अरुणा राय के जुड़ने से इस आन्दोलन को जान मिली।

इसमें कोई दो राय नहीं है कि सूचना का अधिकार का कानून या चुने प्रतिनिधि बुलाने का अधिकार का कानून जरूरी है, लेकिन जब तक आम आदमी जागरूक नहीं होगा व तब तक वह ग्रामीण समाज के ऊँचे वर्गों के चंगुल से बाहर नहीं निकलेगा तब तक जातिवाद का अत्याचार बरकरार रहेगा। इस तरह के वातावरण में कानूनी प्रयास वाँछित योगदान नहीं दे पाएँगे, क्योंकि हो सकता है कि वापिस बुलाने के अधिकार का प्रयोग भी समाज के कमजोर वर्ग के प्रतिनिधि के विरुद्ध किया जाए, क्योंकि कमजोर वर्ग का व्यक्ति गाँव के उच्चवर्ग को फूटी आँखों नहीं सुहाता। इसी प्रकार सूचना के अधिकार का भी गलत प्रयोग हो सकता है। ग्राम का उच्च

वर्ग व नौकरशाही दोनों मिलकर अनेक तरह के हथकंडे अपना कर सूचना के अधिकार को प्रभावहीन कर सकते हैं। उदाहरण के लिए पिछले दिनों जब किसान मजदूर शक्ति संगठन ने विकास कार्यों से सम्बन्धित जानकारी माँगी तो 10 महीने तक ग्राम सेवक ही संगठन को टरकाता रहा। अन्ततः लोगों ने ग्राम सभा से ही प्रस्ताव पास करा दिया कि विकास कार्यों से सम्बन्धित जानकारी देने से क्षेत्र में तनाव हो सकता है। इस प्रस्ताव को जिलास्तर की नौकरशाही ने ढाल बना लिया और कुछ भी सूचना देने से इन्कार कर दिया। यह तो कुछ ऐसा ही हुआ कि बाड़ ही खेत को खाने लगी। कानूनी प्रावधान जिस वर्ग की सुरक्षा के लिए बनाया था, उसी को शिकार करने लगा। इसलिए कानून के साथ-साथ जनता की जागरूकता महत्त्वपूर्ण है। इस विषय में भारत के प्रथम प्रधान मन्त्री श्री जवाहरलाल नेहरू ने ठीक ही कहा था कि भारत तभी प्रगति करेगा, जब गाँवों में रहने वाले लोग राजनीतिक दृष्टि से सजग हो जाएँ। हमारे देश की प्रगति हमारे गाँव की तरक्की से जुड़ी है। यदि हमारे गाँव तरक्की करेंगे तो भारत एक मजबूत राष्ट्र बनेगा और कोई भी इसको आगे बढ़ने से रोक नहीं सकता। यदि आप अपने संकल्प से डिग गए और आपसी झगड़ों तथा गुटबाजी में पड़ गए तो आप अपने उद्देश्य में सफल नहीं हो सकते।

निष्कर्ष

ग्राम सभा सम्पूर्ण पंचायती राज व्यवस्था की नींव है। इसमें कोई दो राय नहीं है। अगर नींव ही कमजोर है तो सम्पूर्ण पंचायती राज रूपी इमारत भी मजबूत नहीं हो पाएगी। 73वें संविधान संशोधन ने ग्राम सभा को कानूनी अधिकार प्रदान किया है। पंचायत प्रावधान (अनुसूचित क्षेत्रों तक विस्तार) अधिनियम, 1996 ने ग्राम सभा को पाँचवी अनुसूचित क्षेत्रों में मजबूत आधार प्रदान किया है। ग्राम सभा ही एक ऐसी संस्था है, जिसे निलम्बित नहीं किया जा सकता। यही सभा ग्राम स्तर पर पंच व सरपंच, क्षेत्र व ज़िला पंचायत के सदस्यों का चुनाव करती है। ग्राम सभा ग्रामीण विकास के लिए 'प्लानर', 'मोनिटर' व 'सोसल ऑडिटर' है। यह सही है कि ग्राम सभाएँ जागरूक नहीं हैं, क्योंकि उनको अपनी शक्ति का पता नहीं है, लेकिन धीरे-धीरे जैसे जागरूकता बढ़ती जाएगी, आम आदमी अपने व अपने क्षेत्र के प्रति भी जागरूक होगा और इस प्रकार ग्राम सभा पंचायती राज व्यवस्था की आँखें बनकर पंचायतों कार्यों पर निगरानी रख सही दिशा दे पायेगी।

भूमिका निष्पादन

ग्राम सभा के महत्व को समझने के लिए कुछ रोल प्ले नीचे दिये हैं जो आम जनता पंचायतों के प्रशिक्षण में लगे स्वयं सेवी संस्थाओं के लिए उपयोगी होंगे।

परम्परागत सूचनाएँ देते हुए

ग्राम सभा की बैठक में भाग क्यों लें

ग्राम सभा की बैठक का ढिंढोरा पीटकर सारे गाँव में सूचना दी जाती है कि स्कूल प्रांगण में कल दो बजे बैठक होगी।

राधा : कुसुम कहाँ जा रही हो?

कुसुम : पशुओं के लिए चारा लेने खेतों में जा रही हूँ।

राधा : लेकिन दो बजे से पहले गाँव में आ जाना।

कुसुम : क्यों?

राधा : क्यों? तेरे को पता नहीं कि आज दो बजे गाँव के स्कूल प्रांगण में ग्राम सभा की बैठक होनी है। कल इसके बारे में तो ढिंढोरा पीटकर सूचना दी गई थी।

कुसुम : वह तो ठीक है, लेकिन वहाँ जाकर क्या करूँगी? हमारी वहाँ कौन सुनेगा। यह तो मर्द लोगों की बात हैं वे ही जानें।

राधा : क्यों इस बैठक में सभी वोटरों को भाग लेने का अधिकार है। तू पिछले सप्ताह ही तो कह रही थी कि मेरे मोहल्ले में नल लगाना चाहिए। बरसात के पानी की निकासी का कोई रास्ता नहीं है। रुके पानी में मच्छर पैदा हो जाते हैं।

कुसुम : तुम्हारी गली में जो दो-तीन महीने से खडंजा पड़ा था वह क्या ग्राम सभा की बैठक में यह मुद्दा उठाने से पड़ा था।

राधा : हाँ।

कुसुम : फिर तो मैं भी आऊँगी, क्योंकि हम तो परेशान हो गए। पीने के पानी के न होने से व बरसात का पानी भरे रहने से लेकिन राधा एक विनती है तेरे को भी मेरे पास ही बैठना होगा।

(ग्राम सभा की बैठक आरम्भ होती है। सभी उपस्थितगण अपनी-अपनी समस्याओं के बारे में सवाल उठाते हैं। उन सभी को उपस्थित पंचायत सचिव नोट करता है।)

राधा : स्कूल के बच्चों के लिए पेशाबघर नहीं है। बच्चे खुले में पेशाब करते हैं जो उचित नहीं है। पेशाबघर स्कूल में बनना चाहिए। राधा कुसुम को भी प्रोत्साहित करती हैं, लेकिन कुसुम कहती है कि बहन तू ही कह दे मेरे मोहल्ले की समस्या भी, क्योंकि मेरा फोह नहीं पड़ रहा है खड़ा होने को। राधा कहती है जब पंचायत चुनाव में वोट डालने गई थी, तब तो नहीं कहा था कि तू ही डालया मेरी वोट। खड़ी होकर बता अपनी समस्या।

कुसुम : (साहस बाँधकर मन में सोचती हुई कि कहाँ फँसा दिया) कहती है हमारे मोहल्ले में पानी

के पानी का नल नहीं है। बरसात के पानी का निकास का रास्ता नहीं है। जब चुनाव हुए थे प्रधान ने यह करने का वायदा किया था। यह कहकर कुसुम बैठ जाती है।

राधा : शाबास।

बैठक के एक महीने बाद ही प्रधान ब्लॉक के जूनियर इन्जीनियर को लेकर कुसुम के मोहल्ले में आता है और नल लगाने व पानी के निकास के लिए मौके का मुयावना किया।

कुसुम को अब पता चल गया कि ग्राम सभा की बैठक में भाग लेने से क्या लाभ हैं। वह निश्चय कर लेती है कि अब वह अपने आप ही नहीं बल्कि अन्य महिलाओं को भी ग्राम सभा की बैठक में भाग लेने के लिए प्रोत्साहित करेगी।

ग्राम सभा की बैठक : एक दृश्य

प्रधान : सेक्रेटरी साहब बैठक शुरू करते हैं। पिछली बैठक में जो निर्णय हुए थे, उन पर क्या कार्यवाही हुई है उसके बारे में बताइए।

सेक्रेटरी : पिछली बैठक में निर्णय... वह अपनी बात पूरी भी नहीं कर पाता, क्योंकि उपस्थितगणों में आपस में बातचीत शुरू हो जाती है।

प्रधान : रेखा क्या बात है। (रेखा सामाजिक कार्यकर्ता व ग्राम सभा की सदस्या भी है। वह अभी

सामाजिक कार्यकर्ता से बात करते ग्राम प्रधान

एक सप्ताह पहले राष्ट्रीय महिला आयोग द्वारा संचालित प्रशिक्षण शिविर में भाग लेकर आई थी, जहाँ पर उसे ग्राम पंचायत के नियम/कानून के बारे में जानकारी दी गई थी।)

रेखा : प्रधान जी एक बैठक तो असंवैधानिक है। प्रधान: सेक्रेटरी की तरफ देखता हुआ क्यों?

रेखा : क्योंकि ग्राम सभा का निर्धारित कोरम नहीं है।

प्रधान : क्या मतलब?

रेखा : मतलब यह कि ग्राम सभा की बैठक के लिए कोरम कुल सभा के सदस्यों का कम-से-कम एक बटा पाँच होना जरूरी है। निर्वाचन सूची में दर्ज सभी वोटर ग्राम सभा के सदस्य होते हैं। हमारे ग्राम सभा के सदस्यों की संख्या 200 है, इसलिए कम-से-कम 40 सदस्य उपस्थित होने चाहिए, लेकिन यहाँ तो बैठक में मात्र 30 ही व्यक्ति उपस्थित हैं, इसलिए यह असंवैधानिक है।

प्रधान : क्यों सेक्रेटरी महोदय आपका क्या ख्याल है। रेखा क्या ठीक कह रही है।

सक्रेटरी : हाँ प्रधान जी, रेखा ठीक कह रही है। प्रधान: तो आपने पहले क्यों नहीं बताया।

सेक्रेटरी : मैंने सोचा कि कोरम को बाद में कुछ गाँव वालों के हस्ताक्षर कराकर खानापूर्ति कर लेंगे।

रेखा : यह सरासर गलत है। गैर कानूनी है। मीटिंग को स्थगित करो।

भरतो : रेखा तो बड़ी चंट हो आई है प्रशिक्षण लेकर। हाँ उसे तो ज्ञान है पंचायतों की बातों का। अब के चुनाव में इसे ही प्रधान के लिए खड़ा करेंगे।

ग्राम सभा की बैठक के निर्णय

ग्राम सभा की बैठक उत्तर प्रदेश में वर्ष में दो बार होती है। कहीं-कहीं जैसे मध्य प्रदेश में वर्ष में चार बार होती है। ग्राम पंचायत वास्तव में ग्राम सभा की क्रियान्वयन संस्था है ग्राम पंचायत द्वारा ग्राम सभा द्वारा लिए गए सभी निर्णयों को लागू करना है।

प्रधान : सेक्रेटरी साहब कार्यवाही शुरू करो। लोगों से पूछो कि उनकी क्या-क्या माँगें हैं ताकि सुनने के बाद प्राथमिकताएँ निर्धारित की जा सकें।

सोना : प्रधान जी पहले हमको यह जानकारी दो कि 6 महीने पहले ग्राम सभा की बैठक में क्या-क्या प्राथमिकताएँ निर्धारित की गईं थीं और उनको ध्यान में रखकर क्या-क्या कार्य किए गए हैं।

प्रधान : (थोड़ा परेशान-सा) कहता है वह तो जो भी निर्णय लिए गए थे, वे सभी पूरे कर लिए गए हैं।

सन्नो : तो ग्राम सभा को बताने में हर्ज ही क्या है। यह तो मालूम करने का हमारा अधिकार है।

प्रधान : सेक्रेटरी साहब बताइए कि क्या-क्या निर्णय लिए गए थे, और क्या-क्या कार्य सम्पन्न हुए हैं।

सेक्रेटरी : (थोड़ा उलझा-सा) बताना शुरू करता है।

सोना : ऐसा नहीं है। जो कार्य किए गए हैं, वे सब नहीं हैं, जिनका कि पिछली बैठक में निर्णय लिया गया था। पिछली बैठक में निर्णय लिया गया था कि गाँव में डवाकरा के अन्तर्गत एक सिलाई सेंटर खुलवाना है।

प्रधान : आपकी बात सही है, यह बताना ध्यान नहीं रहा। वास्तव में इस परियोजना पर कार्यवाही जारी है। क्षेत्र पंचायत के माध्यम से सभी कागजात जिला पंचायत स्तर पर गए हैं। जल्दी ही यह परियोजना शुरू होने वाली है।

सोना : आगे भी इन बातों को ध्यान में रखने की जरूरत है, क्योंकि ग्राम सभा ही पूरे पंचायतीराज व्यवस्था का दिल व दिमाग है।

(बैठक समाप्त होने के बाद प्रधान, सेक्रेटरी व प्रधान की पार्टी के सदस्य आपस में मन्त्रणा करते हैं कि आगे सावधानी से कार्य करना है। गाँव में पंचायतों के बारे में जागृति बढ़ती जा रही है।)

ग्राम पंचायत के कार्य व शक्तियाँ

ग्राम पंचायत पंचायती राज व्यवस्था का निचला लेकिन महत्त्वपूर्ण स्तर है, क्योंकि इसके द्वारा ही ग्राम समाज अधिक प्रभावित होता है। गाँव के विभिन्न वर्गों को प्रभावित करने वाले कार्य भी इसी के द्वारा लागू किए जाते हैं। ग्राम पंचायत ग्राम सभा की 'एग्जीक्यूटिव बोडी' है। इसका पंचायती राज व्यवस्था से सीधा सम्बन्ध होता है। प्रधान पंचायत सदस्य प्रत्यक्ष रूप से ग्राम सभा द्वारा चुने जाते हैं। ग्राम पंचायत में निर्णय लोगों की आँखों के सामने लिए जाते हैं। इसलिए पंचायती राज की पारदर्शिता का जवाब नहीं है। अतः ग्राम पंचायतों को उचित अधिकार व शक्तियाँ प्रदान कर गाँव का सर्वांगीण विकास सम्भव है, इसके अतिरिक्त आरक्षण के द्वारा समाज के वंचित वर्गों, महिलाओं को प्रधान व पंचायत सदस्य बनने का एक अवसर मिला है, जिनको अपने वर्गों के विकास के साथ-साथ सम्पूर्ण गाँव के विकास को करने का मौका प्राप्त हुआ है।

यहाँ यह भी नहीं भूलना चाहिए कि अधिकार व शक्तियाँ कर्त्तव्य से ही आती हैं। प्रधान जनता द्वारा प्रत्यक्ष रूप से चुना

पंचायत घर का दृश्य

गाँव का मुखिया होता है। उसे गाँव का 'प्रथम नागरिक' से भी सम्बोधित किया जा सकता है। सम्पूर्ण गाँव का विकास या विनाश बहुत कुछ उसके हाथ में निहित होता है। अतः ग्राम प्रधान या प्रथम नागरिक का कर्मठ, ज्ञानवान, ईमानदार होना अति आवश्यक है। इसी प्रकार ग्राम पंचायत सदस्यों का भी कर्मठ व ईमानदार होना आवश्यक है, क्योंकि उनकी कर्मठता, भागीदारी भी बहुत हद तक ग्राम प्रधान व उसकी गतिविधियों को प्रभावित करती है।

ग्राम पंचायत के कार्य व शक्तियाँ :

(संयुक्त प्रान्त पंचायतराज अधिनियम, 1947, (1994 तक यथा संशेधित) के अनुसार)

ग्राम पंचायतों के लिए बनाए गए ग्राम पंचायत अधिनियम में लिखा है कि ऐसी शर्तों के अधीन रहते हुए जैसे राज्य सरकार समय-समय पर विनिर्दिष्ट करें, प्रत्येक ग्राम पंचायत निम्नलिखित कार्यों का सम्पादन करेगी।

1. कृषि, जिसके अन्तर्गत कृषि विस्तार भी है–(क) कृषि और बागवानी का विकास और उन्नति।

(ख) बंजर भूमि और चारागाह भूमि का विकास और उनके अनधिकृत संक्रमण और प्रयोग की रोकथाम करना।

2. भूमि विकास, भूमि सुधार का कार्यान्वयन, चकबन्दी और भूमि संरक्षण—(क) भूमि विकास, भूमि

सुधार और भूमि संरक्षण में सरकार और अन्य एजेन्सियों की सहायता करना।

(ख) भूमि चकबन्दी में सहायता करना।

3. लघु सिंचाई, जल व्यवस्था और जल आच्छादन विकास—(क) लघु सिंचाई परियोजनाओं से जल वितरण में प्रबन्ध और सहायता करना।

(ख) लघु सिंचाई योजनाओं का निर्माण, मरम्मत और अनुरक्षण, सिंचाई के उद्देश्य से जलपूर्ति का विनियमन।

4. पशुपालन, दुग्ध उद्योग और कुक्कुट पालन—(क) पालतू जानवरों, कुक्कुटों और अन्य पशुधनों की नस्लों का सुधार करना।

(ख) दुग्ध उद्योग, कुक्कुट पालन, सुअर पालन इत्यादि की प्रोन्नति।

5. मत्स्य पालन—(क) गाँवों में मत्स्य पालन का विकास।

6. सामाजिक और कृषि वानिकी—(क) सड़कों और सार्वजनिक भूमि के किनारों पर वृक्षारोपण और परिरक्षण।

(ख) सामाजिक और कृषि वानिकी और रेशम उत्पादन का विकास और प्रोन्नति।

7. लघु वन उत्पाद—(क) लघु वन उत्पादों की प्रोन्नति और विकास।

8. लघु उद्योग—(क) लघु उद्योगों के विकास में सहायता करना।

(ख) स्थानीय व्यापारों की प्रोन्नति।

9. कुटीर और ग्रामोद्योग—(क) कृषि और वाणिज्यिक उद्योगों के विकास में सहायता करना।

(ख) कुटीर उद्योगों की प्रोन्नति।

10. ग्रामीण विकास—(क) ग्रामीण आवास कार्यक्रमों का कार्यान्वयन।

(ख) आवास स्थलों का वितरण और उनसे सम्बन्धित अभिलेखों का अनुरक्षण।

11. पेयजल—पीने, कपड़ा धोने, स्नान करने के प्रयोजनों के जल सम्भरण के लिए सार्वजनिक कुओं, तालाबों और पोखरों का निर्माण, मरम्मत और अनुरक्षण और पीने के प्रयोजनों के लिए जल सम्भरण के स्रोतों का विनियमन।

12. ईंधन और चारा भूमि—(क) ईंधन और चारा भूमि सम्बन्धित घास और पौधों का विकास।

(ख) चारा भूमि के अनियमित अन्तरण पर नियन्त्रण।

13. सड़कें, पुलिया, पुलों, नौकाघाट, जलमार्ग और संचार के अन्य साधन—(क) ग्राम की सड़कों, पुलियों, पुलों और नौकाघाटों का निर्माण और अनुरक्षण।

(ख) जलमार्गों का अनुरक्षण।

(ग) सार्वजनिक स्थानों पर से अतिक्रमण को हटाना।

14. ग्रामीण विद्युतीकरण—सार्वजनिक मार्गों और अन्य स्थानों पर प्रकाश उपलब्ध कराना और अनुरक्षण करना।

सड़क और बिजली का सुधार करते ग्रामीण

15. गैर-पारम्परिक ऊर्जा स्रोत—ग्राम में गैर-पारम्परिक ऊर्जा स्रोतों के कार्यक्रमों का विकास और प्रोन्नति और उनका अनुरक्षण।

16. गरीबी उपशमन कार्यक्रम—गरीबी उपशमन कार्यक्रमों की प्रोन्नति और कार्यान्वयन।

17. प्रारम्भिक और माध्यमिक विद्यालय—शिक्षा के बारे में सार्वजनिक चेतना।

18. तकनीकी प्रशिक्षण और व्यावसायिक शिक्षा—ग्रामीण कला और शिल्पकारों की प्रोन्नति।

19. प्रौढ़ और अनौपचारिक शिक्षा—प्रौढ़ साक्षरता की प्रोन्नति।

20. पुस्तकालय—पुस्तकालयों और वाचनालयों की स्थापना तथा अनुरक्षण।

21. खेलकूद और सांस्कृतिक कार्य—(क) सामाजिक और सांस्कृतिक क्रियाकलापों की प्रोन्नति।

(ख) खेलकूद के लिए ग्रामीण क्लबों की स्थापना और अनुरक्षण।

(ग) विभिन्न त्यौहारों पर सांस्कृतिक संगोष्ठियों का आयोजन।

22. बाजार और मेले—पंचायत क्षेत्रों में मेलों, बाजारों और हाटों का विनियमन।

23. चिकित्सा और स्वच्छता—(क) ग्रामीण स्वच्छता की प्रोन्नति।

(ख) महामारियों के विरुद्ध रोकथाम।

(ग) मनुष्य और पशु टीकाकरण के कार्यक्रम।

(घ) आवारा पशु और पशुधन के विरुद्ध निवारक कार्यवाही।

(ङ) जन्म, मृत्यु और विवाह का रजिस्ट्रीकरण।

24. परिवार कल्याण—परिवार कल्याण कार्यक्रमों की प्रोन्नति और क्रियान्वयन।

25. आर्थिक विकास के लिए योजना—ग्राम पंचायत के क्षेत्र में आर्थिक विकास के लिए योजना तैयार करना।

26. प्रसूति और बाल विकास—(क) ग्राम पंचायत स्तर पर महिला एवं बाल विकास कार्यक्रमों में क्रियान्वयन में भाग लेना।

(ख) बाल स्वास्थ्य और पोषण कार्यक्रमों की प्रोन्नति।

27. समाज कल्याण—(क) वृद्धावस्था और विधवा पेंशन योजनाओं में सहायता करना।

(ख) विकलांगों और मानसिक रूप से मन्द व्यक्तियों के कल्याण को सम्मिलित करते हुए समाज कल्याण कार्यक्रमों में भाग लेना।

28. कमजोर वर्गों और विशिष्टतया अनुसूचित जातियों और अनुसूचित जनजातियों का कल्याण—(क) अनुसूचित जातियों, अनुसूचित जनजातियों और समाज के अन्य कमजोर वर्गों के लिए विशिष्ट कार्यक्रमों के कार्यान्वयन में भाग लेना।

(ख) सामाजिक न्याय के लिए योजनाओं की तैयारी और कार्यान्वयन।

29. सार्वजनिक वितरण प्रणाली—(क) अत्यावश्यक वस्तुओं के सम्बन्ध में सार्वजनिक चेतना की प्रोन्नति।

(ख) सार्वजनिक वितरण प्रणाली का अनुश्रवण।

30. सामुदायिक आस्तियों का अनुरक्षण—सामुदायिक आस्तियों का परिरक्षण और अनुरक्षण।

उपरोक्त के अलावा राज्य सरकार निम्न कार्य भी पंचायतों को हस्ताक्षरित कर सकती है।

(क) पंचायत क्षेत्र में स्थित वन की व्यवस्था और अनुरक्षण।

(ख) पंचायत क्षेत्र के भीतर स्थित सरकार के बंजर भूमि, चारागाह भूमि या खाली पड़ी भूमि की व्यवस्था।

(ग) किसी कर या भू-राजस्व का संग्रह और सम्बन्धित अभिलेखों का अनुरक्षण।

उपरोक्त कार्य राज्य पंचायती राज अधिनियम में दर्ज है।

लेकिन अगस्त 1999 में संविधान के 73वें संशोधन के अनुसार सत्ता के विकेन्द्रीकरण एवं जन सहभागिता को सुनिश्चित करने के लिए 11 विभागों के कार्य गाँव पंचायतों को सौंपे हैं, जिनमें शिक्षा, राजकीय नलकूप, हैंड पम्प, पुल, कल्याण, चिकित्सा एवं स्वास्थ्य, महिला एवं बाल विकास, पशुधन, राशन की दुकान, कृषिकार्य, ग्राम्य विकास एवं

पंचायती राज विभाग से सम्बन्धित कार्य हैं। इसका विश्लेषण निम्न प्रकार से किया जा सकता है।

कृषि कार्य : कृषि से सम्बन्धित समस्त ग्राम स्तरीय कार्य अब ग्राम पंचायतों द्वारा किए जाएँगे और उनके लिए जरूरी धनराशि एवं सामग्री ग्राम पंचायतों को सीधे ही जाएगी।

पशुधन विभाग : पशु सेवा केन्द्र तथा 'द' श्रेणी के पशु चिकित्सालय एवं इनमें नियुक्त कर्मचारियों को ग्राम पंचायतों को हस्तांतरित किया गया है। पशु सेवा केन्द्र एवं पशु चिकित्सालय के संचालन के लिए आवश्यक धनराशि एवं अन्य सामग्री शासन द्वारा सीधे ग्राम पंचायतों को उपलब्ध कराई जाएगी।

हैंड पम्प : वर्तमान व नए हैंड पम्प ग्राम पंचायत की सम्पत्ति होंगे। हैंडपम्पों की मरम्मत व रख-रखाव में लिए मानकों के अनुसार निर्धारित राशि ग्राम पंचायतों को उपलब्ध कराई जाएगी।

राजकीय नलकूप : राजकीय नलकूप ग्राम पंचायत के स्वामित्व में होंगे। ग्राम पंचायतों को मरम्मत व रखरखाव के लिए आवश्यक राशि उपलब्ध करा दी जाएगी। राजकीय नलकूपों के बिजली बिल की भुगतान शासन द्वारा सीधे राज्य विद्युत परिषद को जाएगी।

शिक्षा : प्राथमिक विद्यालय व उच्च प्राथमक विद्यालय के भवन अब ग्राम पंचायत की सम्पत्ति होंगे तथा इन विद्यालयों के प्रधानाध्यापक, शिक्षक तथा अनौपचारिक शिक्षा के

अनुदेशक ग्राम पंचायत के नियन्त्रण में कार्य करेंगे। नए विद्यालय या विद्यमान विद्यालय के भवन निर्माण, विद्यालयों के रखरखाव, पठन-पाठन सामग्री तथा अतिरिक्त कक्ष के निर्माण हेतु आवश्यक धनराशि शासन द्वारा अब सीधे ग्राम पंचायतों को जाएगी।

नए शिक्षकों की भर्ती ग्राम पंचायत द्वारा की जाएगी। ग्राम पंचायत शिक्षकों को 2250 रुपए महीना मानदेय देगी। जिसका भार शासन वहन करेगा। यह राज्य सरकार ने 'शिक्षा मित्र' योजना के अन्तर्गत किया है। 'शिक्षा मित्र' की न्यूनतम योग्यता इंटरमीडिएट होगी तथा इसमें महिलाओं की भागीदारी 50 प्रतिशत होगी। इसके अतिरिक्त ग्राम पंचायत शिक्षा गारंटी योजना भी चलाएगी। यह योजना ऐसे प्रत्येक गाँव या कस्बे में चलाई जाएगी, जहाँ एक किलोमीटर की दूरी तक कोई स्कूल नहीं है तथा जहाँ 6 से 11 वर्ष की आयु के कम-से-कम 30 बच्चे उपलब्ध हैं। अध्यापन हेतु 1000 रुपए प्रतिमाह मानदेय पर शिक्षक नियुक्त होगा। यह अंशकालिक होगा और इसको आचार्य के नाम से जाना जाएगा।

चिकित्सा एवं स्वास्थ्य : ग्राम स्तर पर स्थित 'मातृ एवं शिशु कल्याण केन्द्र' ग्राम पंचायतों को हस्तांतरित कर दिए व स्वास्थ्य कार्यकर्ता (महिला) तथा दाई भी ग्राम पंचायत के पूर्ण नियन्त्रण में होगी। चिकित्सा, स्वास्थ्य एवं परिवार कल्याण से सम्बन्धित ग्राम स्तरीय कार्यों के लिए आवश्यक

महिला शिक्षा

धनराशि तथा दवाइयाँ एवं अन्य सामग्री सीधे ग्राम पंचायतों को उपलब्ध कराई जाएगी।

ग्राम निवास : ग्राम विकास विभाग से सम्बन्धित समस्त ग्राम स्तरीय कार्य व राशि ग्राम पंचायतों को हस्तांतरित कर दिए हैं।

पंचायतीराज विभाग : पंचायतीराज विभाग से सम्बन्धित समस्त ग्राम स्तरीय कार्य व राशि पंचायतों को हस्तांतरित किया गया है।

युवा कल्याण : अखाड़ा यूथ कल्याण, व्यायामशाला, युवक मंगल दल, महिला मंगल दल तथा खेलकूद सम्बन्धी कार्य, पंचायतों को हस्तांतरित कर दिए हैं। इनसे सम्बन्धित धनराशि व अन्य सामग्री राज्य सरकार उपलब्ध कराएगी।

महिला व बाल विकास : आँगनवाड़ी कार्यकर्ताओं एवं सहायिकाओं को ग्राम पंचायतों को हस्तांतरित किया गया है। इन्हें जो मानदेय ग्राम पंचायतों द्वारा दिया जाएगा, उसकी राशि शासन द्वारा सीधे पंचायतों को दी जाएगी।

राशन की दुकान : सार्वजनिक वितरण प्रणाली को सुचारू रूप से चलाने के लिए राशन की दुकानों के आवंटन के निरस्त्रीकरण का अधिकार ग्राम पंचायतों को दिया गया है।

ग्राम पंचायतों की कार्य समितियों का गठन

ग्राम स्तर पर निम्न 6 समितियों का गठन किया गया है। इनके नाम, समिति के कार्य व समिति का गठन निम्न है।

क्र.सं.	समिति का नाम	समिति का गठन
1.	नियोजन व विकास समिति	1. प्रधान-सभापति 2. 6 अन्य सदस्य (अनुसूचित जाति) जनजाति, महिला और पिछड़े वर्गों का एक सदस्य अवश्य होगा।
2.	शिक्षा समिति	1. उप प्रधान–सभापति 2. 6 अन्य सदस्य (अनु. जाति/अनु. जनजाति, महिला और पिछड़े वर्ग का एक सदस्य अवश्य होगा)।
3.	निर्माण कार्य समिति	1. ग्राम पंचायत द्वारा नामित सदस्य-सभापति 2. 6 अन्य सदस्य (अनु. जाति/जनजाति, महिला और पिछड़े वर्ग का सदस्य अवश्य होगा)।
4.	स्वास्थ्य एवं कल्याण	1. ग्राम पंचायत द्वारा नामि सदस्य–सभापति

	समिति	2. 6 सदस्य (अनुजाति/ जनजाति, महिला और पिछड़े वर्ग का एक सदस्य)।
5.	प्रशासनिक समिति	1. प्रधान–सभापति 2. अन्य सदस्य (अनु. जाति/ जनजाति, महिला और पिछड़े वर्ग का एक सदस्य अवश्य होगा)।
6.	जल प्रबन्धन समिति	1. ग्राम पंचायत द्वारा नामित सदस्य सभापति। 2. 6 अन्य सदस्य (अनु. जाति/ जनजाति महिला और पिछड़े वर्ग का एक सदस्य)। 3. प्रत्येक राजकीय नलकूप के कमांड एरिया में से दो उपभोक्ता-सहयोजित।

समिति के कार्य :

1. ग्राम पंचायत की योजना तैयार करना।

ग्राम विकास और पर्यावरण

2. कृषि, पशपालन और गरीबी उन्मूलन कार्यक्रमों का संचालन।

प्राथमिक शिक्षा, उच्च प्राथमिक शिक्षा, अनौपचारिक शिक्षा, साक्षरता आदि से सम्बन्धित कार्य

सभी निर्माण कराना और गुणवत्ता सुनिश्चित करना।

चिकित्सा, स्वास्थ्य, परिवार कल्याण सम्बन्धी कार्य, समाज कल्याण विशेष रूप से महिला एवं बाल कल्याण की योजनाओं का संचालन। अनु. जाति, अनु. जनजाति तथा पिछड़े वर्गों की उन्नति एवं संरक्षण।

1. कर्मियों सम्बन्धी समस्त विषय

2. राशन की दुकान सम्बन्धी कार्य

1. राजकीय नलकूपों का संचालन

2. पेयजल सम्बन्धी कार्य

समिति की बैठक के लिए चार सदस्यों का कोरम होगा। समिति की बैठक माह में कम-से-कम एक बार आवश्यक होनी है। समितियों का सचिव ग्राम-पंचायत विकास अधिकारी होगा। उपरोक्त समितियों के गठन का आदेश 1999 के सरकार द्वारा जारी किया था। लेकिन पंचायत अधिनियम के अनुच्छेद 91 के द्वारा पहले ही से भूमि प्रबन्धक समिति उपरोक्त का गठन करने प्रावधान था। प्रधान तथा उप प्रधान इस समिति के क्रमशः सभापति तथा उप-सभापति होंगे और ग्राम पंचायत की अधिकारिता के अन्तर्गत आने वाले क्षेत्र का लेखपाल इसका सचिव होगा। इसके निम्न कार्य होंगे।

(क) वन तथा वृक्षों का परिरक्षण, अनुरक्षण तथा विकास।

(ख) आबादी स्थलों तथा ग्राम संचार साधनों का अनुरक्षण तथा विकास।

(ग) भूमि का बन्दोबस्त तथा प्रबन्ध।

(घ) घरों, बाजारों तथा मेलों का प्रबन्ध।

(ङ) जलाशयों और तालाबों का अनुरक्षण तथा विकास।

(च) जोत चकबन्दी में सहायता देना।

उपरोक्त से स्पष्ट है कि ये समितियाँ ग्राम पंचायत के सभी सभी सदस्यों को भागीदार होने का मौका देती हैं। इसमें लाभ यह होता है कि पंचायत सदस्य अपने आपको ग्राम पंचायत के विकास में सहभागी समझता है। निर्णय लेने में पारदर्शिता आती है और अन्ततः इन समितियों के द्वारा निर्णय लेने की शक्ति 'व्यक्ति' या 'पदाधिकारी' में निहित न होकर समिति में होती है।

आइए अब ग्राम पंचायत की शक्तियों पर प्रकाश डालते हैं।

ग्राम पंचायत की शक्तियाँ :

1. सार्वजनिक सड़कों, जलमार्गों तथा अन्य विषयों के सम्बन्ध में शक्तियाँ : (i) ग्राम पंचायत के अधिकार क्षेत्र में समस्त सार्वजनिक सड़कों पर नियन्त्रण उसी का होगा तथा ग्राम पंचायत उनके अनुरक्षण और मरम्मत के लिए समस्त आवश्यक कार्य करेगी।

(ii) नए पुलों या पुलियों का निर्माण कर सकती है, किसी सार्वजनिक सड़क, पुलिया या पुल को दूसरी दिशा में मोड़ सकती है। बन्द सड़क को चालू कर सकती है व चालू सड़क को बन्द कर सकती है

(iii) सड़कों के पासपास के खेतों को कम-से-कम नुकसान पहुँचाकर किसी सार्वजनिक सड़क, पुलिया या पुलों को चौड़ा कर सकती है।

(iv) जलमार्गों को गहरा कर सकती है या उनमें सुधार कर सकती है।

(v) लघु सिंचाई परियोजनाओं को आरम्भ कर सकती है।

(vi) सार्वजनिक सड़क पर निकली हुई झाड़ी या किसी वृक्ष की शाखा काट सकती है।

(vii) जलमार्गों को दूषित होने से बचाने की शक्ति प्राप्त है।

2. सफाई सुधार सम्बन्धी : (i) शौचालय, मूत्रालय या मलवे के कारण यदि किसी व्यक्ति को या ग्राम समाज को परेशानी होती है तो उसे रुकवा सकती है।

(ii) निजी कुएँ, तालाब, गड्ढे आदि से यदि ग्राम पंचायत को लगे कि इससे स्वास्थ्य पर हानिकारक प्रभाव पड़ रहा है तो उसे रोक सकती है।

3. विद्यालयों तथा चिकित्सालयों का अनुरक्षण और सुधार : (i) प्रारम्भिक विद्यालयों का पर्यवेक्षण, देखरेख व उसमें सुधार कर सकती है

(ii) आयुर्वेदिक, होम्योपैथिक व यूनानी औषधालयों की स्थापना, अनुरक्षण तथा पर्यवेक्षण कर सकती है।

(iii) एक से अधिक ग्राम पंचायतें यदि प्रारम्भिक विद्यालय, या औषधालय या सड़क या पुल यदि नियम प्राधिकारी द्वारा निर्देशित हो तो बना सकती है।

4. ग्राम पंचायत कर्मचारियों पर नियन्त्रण : ग्राम पंचायत, पंचायत सचिव के अतिरिक्त ऐसे कर्मचारियों की नियुक्ति कर सकती है जिनकी आवश्यकता हो। पंचायत को ऐसे कर्मचारी को दंड देने, सेवामुक्त करने, पद से हटाने का अधिकार प्राप्त है।

5. सरकारी सेवकों की सहायता : जहाँ तक व्यवहार्य हो, ग्राम पंचायत अपने क्षेत्र के भीतर किसी सरकारी कर्मचारी को अपना कर्त्तव्य पालन करने में सहायता देगी।

6. ग्राम पंचायतों द्वारा अभ्यावेदन तथा सिफारिशें : ग्राम पंचायत समुचित प्राधिकारी को—

(क) अपने कार्यक्षेत्र में निवास करने वाले व्यक्तियों के कल्याण के सम्बन्ध में कोई अभ्यावेदन दे सकती है।

(ख) ग्राम पंचायत क्षेत्र में कार्यरत सिंचाई विभाग के पतरौल, पटवारी व ग्राम के चौकीदार आदि को स्थानान्तरित

या पद से हटाने के सम्बन्ध में सम्बन्धित विभाग को सिफारिश कर सकती है।

7. कतिपय कर्मचारियों के अवचार के बारे में जांच करने व रिपोर्ट करने की शक्ति : ग्राम पंचायत क्षेत्र में कार्यरत विभिन्न सरकारी कर्मचारी अमीन से लेकर प्रारम्भिक विद्यालय के अध्यापक के अपने सरकारी कर्त्तव्यों के पालन में अवचार संबंधी कोई शिकायत प्राप्त होने पर ग्राम पंचायत उसे अपनी रिपोर्ट के साथ समुचित प्राधिकारी को भेजेगी। प्राधिकारी ऐसी जाँच करने के उपरान्त जो अपेक्षित हो, समुचित कार्यवाही करेगा और ग्राम प्रधान को उसके परिणाम की सूचना देगा।

8. जुर्माना करने की शक्ति : 1. यदि कोई व्यक्ति ग्राम पंचायत अधिनियम के किसी भी नियम व उपबन्ध का उल्लंघन करेगा तो उसके 500 रुपए जुर्माने के रूप में दंड देना होगा। यदि अपराधी का अपराध निरन्तर जारी सिद्ध होता है तो उसे प्रत्येक दिन के लिए 50 रुपए अतिरिक्त दंड देना होगा।

2. ग्राम पंचायत की सम्पत्ति को हानि पहुँचाने पर ग्राम पंचायतों की सम्पत्ति जैसे सार्वजनिक सड़क, पटरी, नाले, दीवार, खम्भे आदि को नुकसान पहुँचाता है तो उस व्यक्ति पर 1000 रुपए तक जुर्माना ग्राम पंचायत कर सकती है।

8. उधार लेने की शक्ति : ग्राम पंचायत राज्य सरकार या नियत प्राधिकारी की पूर्व स्वीकृति से ऐसी शर्तों के अधीन रहते हुए जो विधि द्वारा स्थापित हों, किसी वित्तीय निगम या

ग्रामीण साथियों की शिकायतों पर विचार व निदान

किसी अनुसूचित बैंक या जिला सहकारी बैंक या अन्य किसी पंचायत से पंचायतीराज अधिनियम के किसी भी प्रयोजन को क्रियान्वित करने के लिए धनराशि उधार ले सकती है।

ग्राम पंचायत व उसके वित्तीय साधन :

ग्राम निधि : प्रत्येक ग्राम पंचायत में एक गाँव निधि होगी, जिसमें करों से आय, राज्य सरकार से प्राप्त धनराशि, गाँव का कूड़ाकरकट, गोबर, पशुओं के शव की बिक्री से प्राप्त आय, नजूल की सम्पत्ति से लगान या उससे प्राप्त आय, जिला पंचायत या अन्य स्थानीय प्राधिकारी द्वारा प्राप्त अंशदान, अथवा दान स्वरूप प्राप्त धनराशियों, राज्य सरकार से प्राप्त अनुदान आदि से प्राप्त आय सम्मिलित होगी।

ग्राम पंचायत की कर व फीस आरोपित करने की शक्तियाँ : 1. ग्राम पंचायत उन क्षेत्रों में जहाँ जमींदारी खात्मा और भूमि व्यवस्था अधिनियम, 1950 जोनसार भावर जमींदारी विनाश, भूमि व्यवस्था विकास और भूमि व्यवस्था अधिनियम, 1956 तथा कुमाऊँ व उत्तराखंड जमींदारी विनाश तथा भूमि व्यवस्था अधिनियम, 1960 के अधीन मध्यवर्तियों ने अधिकार आय और स्वत्व अर्जित कर लिए गए हों, भूमि पर उसके लिए देय अथवा देय समझी जाने वाली भू-राजस्व (लगान) की धनराशि पर प्रति रुपया कम-से-कम पच्चीस और अधिक-से-अधिक पचास पैसा कर लगा सकती है।

2. उपरोक्त क्षेत्रों से भिन्न में भौतिक अधिकार से सम्बन्धित प्रवृत्त विधि के अधीन किसी काश्तकार द्वारा वह कुछ भी कहलाता हो, देय भू-राजस्व की धनराशि पर प्रति रुपया पच्चीस पैसे से पचास पैसे के बीच कर लगा सकती है। कर उस व्यक्ति द्वारा देय होगा जो उस पर वास्तव में कृषि करता है।

3. ग्राम पंचायत के क्षेत्र में अस्थायी रूप से स्थित पेक्षागृह, सिनेमा अथवा इसी प्रकार के मनोरंजन पर कर जो पाँच रुपया प्रतिदिन से अधिक नहीं होगा, लगा सकती है।

4. ग्राम पंचायत के क्षेत्र के भीतर रखे गए और किराए पर चलाए जाने वाले पशुओं और यन्त्र चलित वाहनों से भिन्न वाहनों पर उसके स्वामियों द्वारा निम्नलिखित दर से देय कर लगा सकती है।

(क) जानवरों की दशा में प्रति जानवर तीन रुपया प्रतिवर्ष से अधिक न होगा।

(ख) गाड़ियों की दशा में प्रति वाहन छह रुपया प्रतिवर्ष से अधिक न होगा।

5. उन व्यक्तियों पर कोई कर लगा सकती है जो ऐसे व्यक्ति नहीं हैं जिन पर मद 3 के अधीन कर निर्धारित किया जाता हो और जो ऐसे बाजारों, हाटों अथवा मेलों में बिक्री के लिए सामानों को दर्शाया करें जो सम्बन्धित ग्राम पंचायत के नियन्त्रण में हो।

6. ऐसे पशुओं के रजिस्ट्रीकरण पर फीस लगा सकती है जिनकी बिक्री किसी ऐसे बाजार अथवा स्थान पर की जाती है जो ग्राम पंचायत के नियन्त्रण में हो।

7. वध शालाओं और पड़ावों की भूमि के प्रयोग के लिए फीस लगा सकती है।

8. जल शुल्क, जहाँ ग्राम पंचायत द्वारा घरेलू उपभोग के लिए जल सम्भरित किया जाता हो।

9. निजी शौचालय या नालियों की सफाई के लिए कर।

10. सड़कों की सफाई और उन पर रोशनी और स्वच्छता के लिए कर।

11. सिंचाई शुल्क, जहाँ ग्राम पंचायत द्वारा अपने निर्मित या अनुरक्षित लघु सिंचाई परियोजना से सिंचाई के लिए जल सम्भरित किया जाता हो।

12. कोई ऐसा अन्य कर जिसे राज्य में आरोपित करने का अधिकार राज्य विधान मंडल को संविधान के अधीन उसके अनुच्छेद, 277 के अन्तर्गत दिया है और जिसका ग्राम पंचायत द्वारा आरोपण राज्य सरकार ने अधिकृत किया हो।

ग्राम स्तर की योजना बनाना : 73वें संविधान संशोधन के अनुच्छेद 243 छ के अनुसार पंचायतें अपने स्तर पर आर्थिक विकास एवं सामाजिक न्याय की योजनाएँ बनाएँगी। अतः ग्राम पंचायत का मुख्य कार्य अपनी आवश्यकता व साधनों की उपलब्धता के आधार पर ग्राम पंचायत विकास की योजना बनाना व उसे लागू करना है।

इस कार्य के लिए ग्राम पंचायत को अपने स्तर पर ग्रामीण आँकड़ा सूचिका तैयार करना पड़ेगा, जो पत्र दिखाएगा कि गाँव का सामाजिक, आर्थिक व शैक्षणिक स्तर क्या है। इसके बाद ग्राम पंचायत को देखना होगा कि उसके पास वित्तीय साधनों, जो उसने स्वयं कर व गैर कर माध्यम से इकट्ठा किए हैं, केन्द्र सरकार व राज्य सरकार से प्राप्त हुए हैं, की कितनी मात्रा है।

इस प्रक्रिया के बाद ग्राम पंचायत की ग्राम सभा की बैठक बुलाकर गाँव की वांछित आवश्यकताओं की सूची तैयार करनी होगी। ग्राम सभा की बैठक में प्रधान बताएगा कि ग्राम पंचायत के पास कितने वित्तीय साधनों की उपलब्धता है। उसके बाद प्राथमिकता के आधार पर आवश्यकताओं को वार्षिक, पंचवर्षीय व दीर्घ योजना में विभाजित कर लिया जाएगा और इस तरह गाँव पंचायत की योजना तैयार हो जाएगी।

प्रधान/सरपंच के कर्त्तव्य : पंचायतें प्रधानों को गाँव की राजनीति से ऊपर की राजनीति में जाने के लिए नर्सरी स्कूल है। कुछ व्यक्ति तो सरपंच से मुख्यमन्त्री के पद तक पहुँचे हैं। उदाहरण के लिए पवन चामलिंग को दूसरी बार सिक्किम का मुख्यमन्त्री पद पाने का सौभाग्य मिला है। 1982 में चामलिंग ने सर्वप्रथम दक्षिण सिक्किम की यांग्यांग ग्राम पंचायत के सरंपच का पद सँभाला था। उस समय वे निर्विरोध चुने गए

ग्राम स्तर की योजना व निर्णय

थे। इसी प्रकार महाराष्ट्र के मुख्यमन्त्री विलासराव देशमुख ने भी अपना राजनीतिक जीवन बभाल ग्राम पंचायत के सरंपच के रूप में शुरू किया था। उप मुख्यमन्त्री छगन भुजबल ने वृहद मुम्बई नगर निगम के पार्षद के रूप में राजनीति में कदम रखा। दिल्ली की महापौर अनिता आर्य लोक सभा चुनावों में विजयी रहीं।

1. निष्ठावान व ईमानदार होना : अगर ग्राम प्रधान निष्ठावान व ईमानदार होता है तो वह सारे गाँववालों की आँखों का तारा बन सकता है। उसको पंचायत के सदस्यों, ग्राम सभा का ही सहयोग नहीं मिलता, बल्कि अधिकारी एवं कर्मचारी भी उसका साथ देने से पीछे नहीं हटते। अतः प्रधान को चाहिए कि वह

- रिश्वत से दूर रहे।
- भाई-भतीजावाद से दूर रहे।
- निष्पक्ष रहे।
- अपने ही मामले में निर्णायक न हो।
- सभी के सुख-दुख का भागीदार बने।
- ग्राम सभा व ग्राम पंचायत की नियमित बैठक की अध्यक्षता करे।
- महिला प्रधान स्वयं ही ग्राम सभा व ग्राम पंचायत की अध्यक्षता करे।
- जात-पात की राजनीति की जगह विकास की राजनीति करे।

2. पंचायत के धन व सम्पत्ति का सही प्रयोग : देखने में आया है कि प्रधान पंचायत कोष का उपयोग गाँव के विकास में न करके अपनी जेब भर लेते हैं। ग्राम पंचायत की जमीन व अन्य सम्पत्ति की देखभाल नहीं करते। ग्राम पंचायत की जमीन पर लोग कब्जा किए रखते हैं। अतः प्रधान ऐसा करने से अपने आपको रोके। यहाँ पर फातिमा बी जो आन्ध्र प्रदेश राज्य की कलवा ग्राम पंचायत की सरपंच थीं, उनका उदाहरण देना उचित प्रतीत होता है। फातिमा बी के चुनाव में उसके कार्यकर्ता ने सराहनीय कार्य किया था। वह चाहता था कि गाँव के तालाब की मछलियाँ पकड़ने का ठेका उसको कम पैसों में मिल जाये लेकिन फातिमा बी ने ऐसा नहीं किया। उसने तालाब की बोली सरेआम लगवाई। प्रधान को इसी तरह के उदाहरणों का अनुसरण करने की जरूरत है—

3. पंचायत सदस्यों का सहयोग लेना : यह सही है कि प्रधान को गाँव का प्रथम नागरिक कहते हैं। गाँव का विकास काफी हद तक उसके हाथों में होता है लेकिन जैसा कि कहावत है अकेला चना भाड़ नहीं फोड़ सकता। इसी प्रकार अकेला ग्राम प्रधान कुछ नहीं कर सकता, अगर उसे सभी पंचायत सदस्यों का सहयोग न मिले। वह एक टीम की भावना से कार्य करे। उसे कभी भी पंचायत सदस्यों की बात को अनदेखा नहीं करना चाहिए।

4. समितियों को गतिशील बनाना : अक्सर देखने में आया है कि विषय समितियाँ कागजों पर ही रहती है। ऐसा नहीं होना चाहिए। प्रधान को सभी समितियों का गठन कर उनकी बैठक करानी चाहिए। इससे सभी पंचायत सदस्यों की भागीदारी तो सुनिश्चित होगी ही साथ में ग्राम प्रधान के ऊपर गाँव का भार भी कम होगा। कार्यों में पारदर्शिता होगी, क्योंकि बैठक में किन-किन मुद्दों पर बहस, निर्णय लिए गए। ग्राम पंचायत सदस्य अपने वार्ड के सदस्यों को अवगत करा सकता है। ऐसा करने से सभी वार्डों पर बराबर ध्यान दिया जा सकेगा और गाँव का सन्तुलित विकास करने की तरफ़ सकारात्मक कदम होगा।

5. सूचनाओं को बाँटना : विभिन्न प्रदेशों में शासन द्वारा अभिलेखों क़ी पहुँच के बारे में अधिसूचना जारी की गयी है। इसके अनुसार ग्राम पंचायत के प्रत्येक ग्रामवासी को किसी भी अभिलेख की प्रति को लेने का अधिकार है। अभिलेख की प्रति निर्धारित शुल्क पर 5 पृष्ठों तक की नकल लेने पर शुल्क 5 रुपए तथा उसके पश्चात प्रत्येक पृष्ठ के लिए एक रुपया शुल्क होगा। पंचायत सचिव अभिलेख की प्रतिलिपि को प्रमाणित करेगा। अभिलेख की प्रमाणित प्रतिलिपि यथा सम्भव उसी दिन उपलब्ध करा दी जाएगी, जिस दिन उसमें माँगा गया है। यदि अभिलेख की प्रमाणित प्रतिलिपि तीन दिन के भीतर उपलब्ध नहीं कराई जाती तो ग्राम पंचायत के सचिव के विरुद्ध कार्यवाही हो सकती है।

अतः ग्राम प्रधानों को चाहिए कि वे सूचनाओं को सचिव को आदेश देकर निर्धारित समय में सूचना देने वालों को उपलब्ध कराए। इससे प्रधान का गाँव में स्तर बढ़ेगा। गाँव में लोग सरेआम कहेंगे कि यह प्रधान कुछ नहीं छुपाता, क्योंकि पंचायत के अभिलेख खुली किताब हैं। उससे आम लोगों का प्रधान व पंचायती राज व्यवस्था में विश्वास बढ़ेगा।

6. ग्राम पंचायत के लेखों का उचित रखरखाव व अकेक्षण : प्रधान को चाहिए कि वह ग्राम पंचायतों के समस्त कार्य-कलापों, प्राप्त आय एवं प्राप्त धनराशि तथा समस्त खर्चों का विस्तृत हिसाब-किताब रखे और हिसाब-किताब को ग्रामसभा की बैठक में उसके अनुमोदनार्थ हेतु रखे। लेखों के रखरखाव तथा उनमें ऑडिट के लिए जो मैनुअल है, उसका अध्ययन कर उसके अनुसार पंचायत विकास अधिकारी की सहायता से हिसाब-किताब का लेखा-जोखा रखे। इसे स्पष्ट करने से ग्राम प्रधान बिना मतलब नौकरशाही के चक्कर में नहीं पड़ेगा। यदि प्रधान अपना हिसाब-किताब सही नहीं रखता है तो उसको ब्लॉक व अधिकारियों के यहाँ चक्कर लगाने पड़ेंगे, जिसके कारण वह ग्राम के विकास पर ध्यान देने के बजाय ऑडिट को कैसे ठीक-ठाक रखा जाए, इसी में लगा रहता है।

ग्राम के कार्यों को मोनिटरिंग करना : ग्राम प्रधान को चाहिए कि वह अपने स्तर पर ग्राम पंचायत द्वारा किए जा

रहे कार्यों की बराबर मॉनिटरिंग करता रहे, ताकि उसे ज्ञान रहे कि ग्राम पंचायत द्वारा चल रहे कामों में कोई रुकावट तो नहीं आ रही है। अगर एक ग्राम पंचायत में एक से अधिक गाँव हैं और अकेले प्रधान के लिए सम्भव नहीं है कि सभी गाँवों के कार्यों को देखे। इस समस्या के समाधान के लिए मोनिटरिंग का कार्य उस गाँव के ग्राम पंचायत के सदस्यों को सौंप सकता है और उनसे बराबर रिपोर्ट पा सकता है या ग्राम पंचायत की बैठक जो हर माह होनी है, उसमें चर्चा कर सकता है।

निष्कर्ष : पंचायतों को 73वें संविधान संशोधन ने नया जीवन प्रदान किया है। ग्राम पंचायत पंचायतीराज व्यवस्था का महत्त्वपूर्ण स्तर है, क्योंकि इसका गाँव-वासियों से सीधा सम्बन्ध रहता है। ग्राम पंचायतों को संविधान संशोधन के बाद अनेक कार्य, अधिकार व शक्तियाँ प्रदान की हैं, जिनको यदि ग्राम पंचायत लागू करे तो गाँव की काया पलट कर सकते हैं, लेकिन इसके लिए काबिल 'लीडरशिप' की आवश्यकता है। ग्राम पंचायतें स्वायत्त शासन की संस्थाओं के रूप में कार्य करें या राज्य सरकार की 'एजेन्सी' के रूप में कार्य करें, यह ग्राम प्रधान की 'लीडरशिप' क्षमता पर निर्भर करता है और प्रधान की 'लीडरशिप' उनकी निष्ठा, ईमानदारी व कर्त्तव्यपरायणता जैसे गुणों पर।

ग्राम पंचायतें प्रधानों को राजनीति सीखने की नर्सरी हैं। अतः उन्हें अपने गाँव के भविष्य को ध्यान में रखकर कार्य

करना चाहिए। देश के विभिन्न भागों के विभिन्न उदाहरण हमारे सामने हैं, जहाँ पर प्रधानों या सरपंचों के अच्छे कार्य के कारण उन्हें दुबारा प्रधान व सरपंच चुना है। कुल मिलाकर ग्राम पंचायतों का भविष्य वहाँ के प्रधान व पंचायत सदस्यों के हाथ में है, वे चाहे उसे जीवन्त बना सकते हैं, वे चाहे इसे निर्जीव बना सकते हैं।

इस सन्दर्भ में हम एक चीन की कहावत का सन्दर्भ देकर अपनी बात खत्म करते हैं। एक बूढ़ा आदमी था। जिसको माना जाता था कि वह सभी सवालों के प्रश्न देने में सक्षम है। एक युवक उसके पीछे अपनी मुट्ठी में जीवित चिड़िया लेकर खड़ा हो गया और बूढ़े व्यक्ति से पूछा बताएँ यह चिड़िया जीवित है या मरी हुई है। बूढ़ा आदमी समझ गया कि यह चिड़िया इस युवक की मुट्ठी में जीवित है। यदि मैंने कहा कि यह चिड़िया जीवित है तो यह युवक चिड़िया को तुरन्त दबा कर मार देगा और मुझे झूठा साबित कर देगा। और यदि मैंने कहा कि चिड़िया मृत है तो युवक कह देगा कि यह तो जीवित है और इस पर भी मुझे झूठा साबित कर देगा। काफी सोचने के बाद बूढ़े आदमी ने उसके सवाल का उत्तर दिया, "यह तुम्हारे हाथ में है। तुम चाहो इस चिड़िया को मार सकते है और तुम चाहो उसे जीवित रख सकते हो।" अतः ग्राम पंचायतों को जीवित बनाना या न बनाना ग्राम पंचायत की लीडरशिप में है, जो ग्राम प्रधान पद में निहित है।

पंच, पंचायत और पंचायती राज

हिंदी के जाने-माने लेखक प्रेमचंद की एक प्रसिद्ध कहानी है- 'पंच परमेश्वर। उस कहानी की एक प्रसिद्ध कहानी है- 'पंच परमेश्वर' उस कहानी में यह दिखाया गया है कि किसी व्यक्ति को जब दो व्यक्तियों के बीच के विवाद पर फैसला देने के लिए पंच चुना जाता है, तो उसमें परमेश्वर अर्थात् ईश्वर उतर आता है। पंच के आसन पर बैठकर न उसे दोस्ती याद रहती है, न दुश्मनी याद रहती है। सिर्फ यह याद रहता है कि उस न्याय का पक्ष लेना है। इसीलिए जब जुम्मन शेख और उसकी मौसी के बीच विवाद छिड़ा और उसका फैसला करने के लिए मौसी ने जुम्मन के जिगरी दोस्त अलगू चौधरी को पंच चुना, तो अलगू की दोस्ती की भावना से ऊपर उठकर ऐसा फैसला सुनना पड़ा जो जुम्मन शेख के खिलाफ जाता था। उसी फैसले की वजह से उन दोनों के बीच दरार पड़ गई, जो धीरे-धीरे बढ़ती ही गई। आखिरकार उनके बीच बोलचाल का रिश्ता भी खत्म हो गया। फिर एक ऐसा मौका आया, जब बैल की कीमत को लेकर खुद अलगू चौधरी को समझू साहु के साथ विवाद में उलझना पड़ा। इस विवाद

सोचा कि पहले अलगू, जुम्मन के खिलाफ फैसला सुना चुका है, जिहाजा जुम्मन भी अलगू के खिलाफ और उसके पक्ष में फैसला देगा। यही संदेश अलगू को भी था लेकिन संकोच के कारण वह जुम्मन के खिलाफ कुछ बोल नहीं पाया और उसे उसके नाम पर अपनी सहमति जतानी पड़ी। लेकिन जब जुम्मन शेख ने फैसला सुनाया, तो उसे सुनकर समझू और अलगू की कौन कहे, गाँव के बाकी लोग भी दंग रह गए। जुम्मन ने जो फैसला सुनाया, वह अलगू चौधरी के विरुद्ध नहीं, वल्कि खुद समझू के विरुद्ध था। कहानी के अंत में प्रेमचन्द कहते हैं : "अपने उत्तरदायित्व का ज्ञान वहुधा हमारे संकुचित व्यवहारों का सुधारक होता है। जव हम राह भूल कर भटकने लगते हैं, तब यही ज्ञान हमारा विश्वसनीय पथ-प्रदर्शक बन जाता है।"

जुम्मन शेख और अलगू चौधरी जिस वक्त पंच के आसन पर बैठे, उस वक्त यही उत्तरदायित्व का ज्ञान उन्हें हुआ था। इसीलिए दोस्ती दुश्मनी से ऊपर उठकर वे न्याय का पक्ष लेने को मजबूर हुए। जिस पंच को लेकर प्रेमचन्द ने कहानी लिखी और उसे परमेश्वर का रूप बताया, ऐसे ही पाँच या पाँच से अधिक पंचों को लेकर पंचायत का प्रचलन हमारे भारतीय जीवन में बहुत समय से आ रहा है। ग्राम पंचायतों की शुरुआत तो देश की आजादी के बाद हुई, लेकिन भारतीय

समाज में अलग-अलग समुदायों की अपनी पंचायतें बहुत पहले से चली आ रही थीं। समुदाय के छोटे-मोटे झगड़ों ओर विवादों का निबटारा भी उन्हीं पंचायतों में किया जाता था। और लोग उनके फैसलों को खुशी-खुशी मानते थे। महात्मा

गांधी भी 'पंचायत' शब्द की व्याख्या करते हुए उन पंचायतों का हवाला देने से नहीं चूकते।

एक जगह उन्होंने लिखा—"पंचायत शब्द पूरे देश में जाना-पहचाना शब्द है। इसका मतलब है किसी जाति विशेष के सामाजिक मामलों की देखरेख करने ओर उन पर नियंत्रण रखने के उद्देश्य से उसी जाति द्वारा उसी जाति के चुने गए पाँच पंचों की एक कौंसिल का परिषद।"

हमारे देश के अधिकांश गाँवों की सामाजिक गतिविधियाँ इन्हीं पंचायतों के द्वारा संचालित और नियंत्रित होती रही हैं। अगर एक जाति के दो लोगों या दो ग्रामवासियों के बीच कभी कोई विवाद होता था तो उसके निबटारे के लिए किसी बाहरी ताकत को दखल देने का मौका नहीं दिया जाता था। गाँव के या उस जाति के बुजुर्गों की परिषद या कौंसिल ही उस विवाद का फैसला करती थी। यह एक प्रकार के स्वशासन की व्यवस्था थी। गाँव या जाति-विशेष के लोग अपने गाँव या अपनी जाति पर खुद शासन करते थे तथा अपने हित में फैसले लेते थे।

आज़ादी के साथ आई पंचायती व्यवस्था

दो सौ सालों की अंग्रेजों की गुलामी के बाद, 15 अगस्त, 1947 को देश आजाद हुआ, तो हमारे राष्ट्रीय नेताओं के

तरह अमल में लाया जा सकेगा। स्कूल, अस्पताल या सड़क के बनने में स्थानीय लोगों की भागीदारी से इन सहूलियतों का उपयोग ज्यादा अच्छी तरह हो सकेगा।

इस तरह सभी नेता अपनी-अपनी तरह सोच रहे थे और उनकी सोच एक ही नतीजे की ओर नजर आती थी इसीलिए जब स्वतन्त्र भारत का नया संविधान बना तो उसमें राज्य के नीति-निदेशक तत्व वाले अध्याय में पंचायती व्यवस्था कायम करने के सिद्धांत को शामिल किया गया। संविधान बनाने वालों का आशय यह था कि देश में पंचायती व्यवस्था कायम करने का काम केंद्रीय और राज्य सरकारें आपसी तालमेल से करें।

इसी सबके फलस्वरूप नया संविधान लागू होने के कुछ ही सालों के भीतर देश में पंचायत व्यवस्था लागू कर दी गई। उसी को अब पंचायती राज्य व्यवस्था कहा जाता है।

शिक्षा का स्तर

यहाँ ध्यान देने योग्य बात यह है कि आजादी के बाद जिन नेताओं के हाथ में देश की बागडोर आई, उनके हौसले तो बहुत बुलंद थे और देश की जनता को वे अधिक-से-अधिक खुशहाल भी देखना चाहते थे लेकिन इस बात की ओर उनका ध्यान बहुत कम था कि पुराने तौर-तरीकों को, पुरानी मशीनरी और ढाँचे और नौकरशाही के जरिए भला देश की समूची आबादी को खुशहाल कैसे बनाया जा सकता है? इसके साथ-

साथ जिस देश की अधिकांश जनता अन्धविश्वासों में जकड़ी हो, अनपढ़ हो, वहाँ नयी रोशनी लाना तथा नयी तरह की शासन-प्रणाली लागू करना भला कैसे संभव हो सकता है? सही बात तो यह है कि पंचायती व्यवस्था के बारे में महात्मा गाँधी की बातें वास्तविकता के ज्यादा निकट थीं। उनका कहना था कि पंचायतों के पास जितनी ज्यादा ताकतें होंगी, जनता के लिए उनका ही बेहतर होगा। लेकिन पंचायतों को असरदार और क्रियाशील बनाने के लिए जनता की शिक्षा का स्तर पर्याप्त रूप से ऊँचा उठाना होगा। गाँधीजी पंचायतों के काम करने के तरीके में ईमानदारी और प्रयत्नशीलता को भी विशेष रूप से महत्व देते थे। उनकी चिंता यह भी थी

पंचायत राज में जिस व्यक्ति को सबसे ज्यादा महत्त्व दिए जाने की बात है, वह पेशे से किसान है एक जरूरी सवाल यह भी है कि भारत के किसान को तरक्की के रास्ते पर कैसे लाया जाया जाए?

गौर किया जाना चाहिए कि यह सारी बातें, ये सारे सवाल महात्मा गाँधी के हृदय को आजादी के तत्काल बाद मथ रहे थे ! आज पचास साल बाद भी हम इन सवालों के ठीक-ठीक जवाब नहीं खोज पाए हैं। आज भी यह सवाल हमारे सामने है कि क्या देश की पंचायत व्यवस्था में किसानों, गरीबों और पिछड़ों को पूरा-पूरा महत्त्व मिल पाया है? क्या आजादी के बाद से अब तक हमारी पंचायतें ईमानदारी से काम कर सकी हैं? क्या जनता की शिक्षा का स्तर पर्याप्त रूप से ऊँचा उठ गया है?

नयी आशाएँ-नया स्वरूप

भारत की आजादी के बाद जब नया संविधान बना और पंचायत प्रणाली लागू हुई तो, बलवन्तराय मेहता समिति की सिफारिशों के अनुसार, उसकी सारी जिम्मेदारी राज्य सरकारों पर थी। किसी राज्य में पंचायतों का ढाँचा, उनके नियम-उपनियम क्या हों, यह उस राज्य की सरकार को तय करना था। नतीजा यह हुआ कि देश की समूची पंचायत प्रणाली का कोई एक ढाँचा नहीं बन पाया। एक राज्य में एक तरह की

ढाँचा था, तो दूसरे राज्य में उससे भिन्न, बिल्कुल दूसरी तरह का ढाँचा था। इसके अलावा देश की ज्यादातर ग्रामीण जनता अनपढ़ थी। उसे साक्षर बनाने की ज्यादातर योजनाएँ कागजों और फाइलों तक ही सीमित रह गईं। जनता में जागरूकता भी नहीं आ पाई। इन्हीं सब वजहों से गाँवों के जो चौधरी, जो धनी लोग अंग्रेजों के वक्त से प्रभावशाली चले आ रहे थे, उन्हीं का रुतबा पंचायतों पर कायम रहा। जिन सरकारी अफसरों और बाबुओं पर पंचायतों की कार्यप्रणाली को न्याय और सामाजिक, समानता के रास्ते पर ले जाने की जिम्मेदारी थी, वे भी उन्हीं इलाकाई चौधरियों और छुटभैये नेताओं की मदद करते रहे। गाँवों का गरीब और सामाजिक रूप से पिछड़ा तबका पंचायती ढाँचे में हाशिये पर बना रहा। पंचायत प्रणाली के बारे में यह सारी बातें एक लंबे अरसे के महसूस की जा रही थीं। नीति-निर्धारकों में यह मंथन भी चल रहा था कि इन खामियों को कैसे दूर किया जाए? देश की पंचायत व्यवस्था को किस तरह सुधारा जाए कि उसमें बुनियादी स्तर पर लोगों की भागीदारी हो सके और उसके जरिये आर्थिक विकास और जनता की आकांक्षाओं को पूरा किया जा सके? यह भी सुनिश्चित करने की बात थी कि विकास के लाभ वास्तविक रूप से समाज के सबसे कमजोर तबके तक पहुँच सकेगा। यह हरदम माना जाता रहा है कि पंचायती राज संस्थाएँ लोकतांत्रिक विकेन्द्रीकरण के लिए सबसे उपयुक्त एजेन्सी

हैं, जिन्हें पर्याप्त अधिकार और जिम्मेदारियाँ सौंपी जा सकती हैं, ताकि वे आर्थिक विकास के कार्यक्रम तय कर सकें और उन्हें कार्यान्वित कर सकें लेकिन विशेषज्ञों के साथ लम्बे विचार-विमर्श के बाद यह तय पाया गया कि इसके लिए मौजूदा पंचायत व्यवस्था में बुनियादी बदलाव लाना होगा। एक ऐसा ढाँचा बनाना होगा जो पूरे देश में एक जैसा हो।

यह संविधान में संशोधन करके पंचायत सम्बन्धी नया अधिनियम पारित किए बिना सम्भव नहीं था इसीलिए 1992 में संसद में, संविधान में 73वें संशोधन का विधेयक पेश किया गया, जो 1993 में संविधान के 73वें संशोधन अधिनियम का रूप ले सका।

73वाँ संविधान संशोधन अधिनियम 1993 क्या है?

1993 में पारित संविधान का 73वाँ संशोधन अधिनियम के द्वारा पूरे देश में पंचायत व्यवस्था के स्वरूप में एकरूपता लाई गई है। यह अधिनियम राज्यों को गाँव, मध्य तथा जिला स्तर पर, तीन स्तरों वाली ठोस, सक्षम और जिम्मेदारी युक्त पंचायतें गठित करने के अधिकार प्रदान करता है। इस अधिनियम के जरिए राज्यों में यह उम्मीद की गई है कि वे इन निकायों को पर्याप्त अधिकार, जिम्मेदारियाँ और फंड प्रदान करें, ताकि वे आर्थिक विकास और सामाजिक न्याय के लिए योजनाएँ बना सकें और उन्हें अमल में ला सकें। उक्त अधिनियम में

एक-तिहाई सीटें
महिलाओं के लिए

विभिन्न स्तरों पर पंचायती राज संस्थाओं के लिए शक्तियों और अधिकारों के विकेन्द्रीकरण हेतु बुनियादी ढाँचे की व्यवस्था है साथ ही इसके जरिए उन सभी राज्यों और संघशाशित क्षेत्रों के लिए तीन स्तरीय प्रणाली की व्यवस्था है, जिनकी आबादी 20 लाख से अधिक है।

एक-तिहाई सीटें महिलाओं के लिए अधिकार इस तरह इस समय 16 राज्यों और संघ शासित क्षेत्रों में तीन स्तरीय प्रणाली लागू है।

इस अधिनियम की महत्वपूर्ण विशेषता यह है कि इसमें ऐसी व्यवस्था की गई है कि पंचायतों को क्षेत्रों में विभाजित किया जाएगा और उनकी सीटों का आबंटन इस प्रकार किया जाएगा कि सभी पंचायतों में जनसंख्या का अनुपात और सीटों की संख्या जहाँ तक संभव हो, समान होगी। इसके अतिरिक्त, महिलाओं और कमजोर तबकों के लिए आरक्षण की व्यवस्था की गई है।

73वें संविधान संशोधन अधिनियम के अनुसार, सभी स्तरों पर पंचायतों का गठन, चुनाव क्षेत्रों द्वारा, प्रत्यक्ष चुनाव प्रणाली के मार्फत किया जाएगा। निचले स्तर की पंचायतों के अध्यक्षों को उच्च स्तर की पंचायत में प्रतिनिधित्व देने का मामला राज्यों के अपने विवेक पर निर्भर होगा। इस अधिनियम में राज्यों को यह छूट दी गई है कि वे ग्राम पंचायत के अध्यक्षों का चुनाव ग्राम सभा के सभी सदस्यों द्वारा सीधे वोट डलवा

कर करा सकते हैं, लेकिन मध्य तथा जिला स्तर पर पंचायतों के अध्यक्षों के चुनाव का तरीका अप्रत्यक्ष चुनाव रखा गया है। अप्रत्यक्ष चुनाव का मतलब यह है कि चुने हुए सदस्य अपने बीच से अध्यक्ष चुनेंगे।

73वें संविधान संशोधन अधिनियम में अनुसूचित जातियों/अनुसूचित जनजातियों और महिलाओं की सीटों के आरक्षण की व्यवस्था भी है। इसके अनुसार, तीन स्तरों की पंचायतों में, उक्त पंचायत क्षेत्र की कुल जनसंख्या में अनुसूचित जाति/जनजाति की जनसंख्या का जो अनुपात हो, उसके अनुसार अनिवार्य आरक्षण करना होगा। यहाँ यह भी ध्यान देने की बात है कि अनुसूचित जातियों/अनुसूचित जनजातियों के लिए आरक्षित सीटों में से एक-तिहाई सीटें उन जातियों की महिलाओं के लिए आरक्षित होगी। इस सिलसिले में यह व्यवस्था भी की गई है कि ऐसा आरक्षण विभिन्न चुनाव क्षेत्रों के बारी-बारी से किया जाए लेकिन आरक्षण चक्र के लिए राज्य अपने मानदंड अपनाने के लिए स्वतन्त्र होंगे।

जहाँ तक सामान्य महिला-सीटों के आरक्षण का सवाल है, तो यह अधिनियम यह व्यवस्था देता है कि सभी राज्य सभी स्तरों की पंचायतों में, पंचायत क्षेत्र की कुल सीटों में से एक-तिहाई सीटें महिलाओं के लिए आरक्षित करने की व्यवस्था करें। इस प्रकार, 73वें संविधान संशोधन अधिनियम में समाज के कमजोर वर्गों के हितों की रक्षा करने के लिए

पर्याप्त प्रतिनिधित्व का प्रावधान है। एक ऐसा प्रावधान भी रखा गया है कि राज्य विधानमंडल यदि उचित समझें तो पिछड़ी जातियों के नागरिकों के लिए आरक्षण की व्यवस्था कर सकते हैं।

73वें संविधान संशोधन अधिनियम में पंचायतों के लिए पाँच साल के कार्यलय की व्यवस्था की गई है। यह भी साफ तौर पर कहा गया है कि किसी भी समय लागू किसी कानून में संशोधन करने पंचायतों के कार्यकाल की समाप्ति से पहले उन्हें भंग कर पाना संभव नहीं होगा। इसके अलावा यह भी साफ किया गया है कि यदि राज्य, राज्य के अपने कानून में निहित प्रक्रिया के अनुसार पंचायतों को भंग करता है, तो उसे छह महीने के भीतर उनके चुनाव कराने होंगे।

उक्त अधिनियम में पंचायत चुनावों के लिए मतदाता सूचियाँ तैयार करने और चुनाव के दौरान पर्यवेक्षण, निर्देशन और नियंत्रण के लिए राज्य स्तर पर एक अलग चुनाव आयोग की व्यवस्था की गई है। इसके अलावा पंचायतों की वित्तीय स्थिति की समीक्षा के लिए, अधिनियम के लागू होने के एक वर्ष के भीतर राज्य स्तर का एक वित्त आयोग गठन करने का प्रावधान भी रखा गया है। उक्त आयोग राज्य और पंचायतों और विभिन्न स्तर पर पंचायतों के बीच उसके करों, शुल्कों और चुंगी आदि के वितरण के सिद्धांत की सिफारिश करेगा। इसी सिलसिले में यह भी गौरतलब है कि इस अधिनियम

के जरिये राज्य सरकारों से सिफारिश की गई है कि राज्य विधानमंडल पंचायतों को ऐसी शक्तियाँ और अधिकार दे सकते हैं, जो उन्हें स्थानीय स्वशासन की संस्थाओं के रूप में कार्य करने के लिए आवश्यक हों। ये प्रावधान उन्हें आर्थिक विकास और सामाजिक न्याय के लिए योजनाएँ बनाने और उन्हें आर्थिक विकास और सामाजिक न्याय के लिए योजनाएँ बनाने और उन्हें कार्यान्वित करने के लिए शक्तियाँ और अधिकार देने के लिए भी हैं।

लेकिन गौर करने की बात यह है कि 73वाँ संविधान संशोधन अधिनियम पारित हो जाना ही काफी नहीं है। उनकी सार्थकता तब है, जबकि वह ठीक ढंग से लागू हो और बुनियादी स्तर पर उसमें लोगों की भागीदारी हो। इसके लिए दो बातें बहुत जरूरी हैं—पहली जागरूकता और दूसरी प्रशिक्षण। जागरुकता का सीधा सम्बन्ध आम जनता की साक्षरता के स्तर से है साक्षरता का कार्यक्रम आजादी के बाद से लगातार चलता रहा है लेकिन उसका स्वरूप और रफ्तार बहुत कुछ सरकारी नौकरशाही के द्वारा नियंत्रित-निर्धारित होती रही है। जरूरी यह था कि साक्षरता का कार्यक्रम आम जनता में बुनियादी समझदारी पैदा करके चलाया जाता। मतलब यह कि एक गरीब निरक्षर को जब तक यह नहीं मालूम होगा कि वह अब तक निरक्षर क्यों रहा या यह कि वह अब तक गरीब क्यों हैं—उसके निरक्षर रहने से किसका फायदा होता है, तब

तक साक्षर इस तरा के आंदोलन की शुरुआत साक्षरता में हो चुकी है और हजारों की तादाद में राजनीतिक रूप से सचेत साक्षर तैयार हो रहे हैं।

जैसे-जैसे इनकी तादाद बढ़ती जाएगी, वैसे-वैसे लोगों में अपने लोकतांत्रिक अधिकारों के पूरे-पूरे इस्तेमाल की जागरूकता पैदा होती है। बढ़ती जाएगी। अब रही बात प्रशिक्षण की। तो इसके लिए राज्यों को एक व्यापार कार्यक्रम तैयार करना होगा, जिसमें पंचायत के सभी स्तरों सरकारी और गैर-सरकारी अधिकारियों-पदाधिकारियों को शामिल किया जाए, ताकि वे अपने नए उत्तरदायित्वों के भली-भाँति निभा

सकें। केंद्र सरकार ने तीन प्रमुख संस्थाओं का चयन किया है, जो प्रशिक्षण देने के तरीके तैयार कर रही हैं। वे तरीके बाद में, अलग-अलग स्तर पर प्रशिक्षण देने के लिए राज्यों का उपलब्ध कराए जाएँगे। उन तीन संस्थानों के नाम इस प्रकार हैं : लालबहादुर शास्त्री राष्ट्रीय प्रशासन अकादमी, मसूरी, राष्ट्रीय ग्रामीण विकास संस्थान, हैदराबाद, और भारतीय लोक शासन संस्थान दिल्ली।

73वें संविधान संशोधन अधिनियम की प्रमुख सुर्खियाँ :

*पंचायतें स्थानीय सरकार के रूप में मान्य होंगी। *पंचायतों का स्वरूप तीन स्तरों का होगा। पहला स्तर : ग्राम पंचायत, दूसरा स्तर : पंचायत समिति, तीसरा स्तर : जिला परिषद। * तीन स्तरों की पंचायतों के चुनाव हर पाँच साल बाद होंगे। किसी भी कारण से राज्य सरकार पंचायत को भंग करें, तो छह महीने के अंदर उसका चुनाव कराना जरूरी होगा। *ग्राम पंचायत, पंचायत समिति और जिला परिषद, तीनों के सदस्यों का चुनाव गाँव वाले सीधे वोट डालकर करेंगे। *ग्राम पंचायत के सदस्यों एवं अध्यक्ष का चुनाव पूरी ग्राम सभा के सदस्य सीध वोट डालकर करेंगे।

*पंचायत समिति के अध्यक्ष का चुनाव पंचायत समिति के चुने हुए सदस्य अपने बीच से करेंगे। *जिला परिषद् के

अध्यक्ष का चुनाव जिला परिषद के चुने हुए सदस्य अपने बीच से करेंगे। राज्य सरकारें अगर चाहें तो पंचायत समितियों के अध्यक्षों, स्थानीय एम. एल. ए. और स्थानीय एम. पी. को भी जिला परिषद का पदेन सदस्य बना सकती है। ये पदेन सदस्य परिषद के अधिवेशनों में तो वोट डाल सकेंगे, लेकिन प्रधान और उपप्रधान को चुनने या उन्हें हटाने में वोट नहीं डाल सकेंगे।

*ग्राम पंचायत, पंचायत समिति और जिला परिषद-तीनों के अलग-अलग चुनाव में एक-तिहाई सीटें महिलाओं के लिए आरक्षित हैं। उन सीटों पर केवल महिलाएँ चुनाव लड़ेंगी। *ग्राम पंचायत, पंचायत समिति और जिला परिषद-तीनों में एक-तिहाई अध्यक्ष के पद औरतों के लिए आरक्षित होंगे। अर्थात् एक पंचायत समिति में अगर तीन ग्राम पंचायतें हैं तो उनमें से एक की अध्यक्ष सिर्फ महिला होगी। एक जिले की कुछ पंचायत समितियों में से एक-तिहाई की अध्यक्ष सिर्फ महिलाएँ होंगी। इसी तरह एक राज्य में जितनी जिला परिषद होंगी, उनमें से एक-तिहाई की अध्यक्ष *केवल महिलाएँ होंगी। * ग्राम पंचायत, पंचायत समिति और जिला परिषद- तीनों में अनुसूचित जाति और जनजाति के लिए आरक्षण जनसंख्या के अनुपात में होगा। * अनुसूचित जाति और जनजाति के आरक्षण में एक-तिहाई सीटें अनुसूचित जाति और जनजाति की महिलाओं के लिए आरक्षित होंगी। ग्राम पंचायत, पंचायत

समिति और जिला परिषद - तीनों में अनुसूचित जाति और जनजाति के अध्यक्ष का आरक्षण उनकी जनसंख्या के अनुपात में होगा। * प्रत्येक ग्राम पंचायत, पंचायत समिति और जिला परिषद में एक पद पिछड़े वर्गों के व्यक्तियों के लिए आरक्षित रहेगा।

हमारी महिला प्रधान

भारत के संविधान में व्यवस्था है कि प्रत्येक पंचायत में प्रत्यक्ष निर्वाचन द्वारा चुने जाने वाले कुल स्थानों में से कम से कम एक तिहाई स्थान (अनुसूचित जाति व अनुसूचित जनजाति के लिए सुरक्षित स्थानों की संख्या सहित) महिलाओं के लिए सुरक्षित रखा जाएगा और इन स्थानों को किसी पंचायत में अदलाबदली के जरिए विभिन्न निर्वाचन क्षेत्रों के लिए आवंटित किया जाएगा। इसी संविधान के अनुसार प्रत्येक स्तर पर पंचायतों के अध्यक्ष के जो भी पद है उनमें से कम से कम एक तिहाई पद महिलाओं के लिए सुरक्षित होंगे। साथ ही यह भी प्रावधान है कि जो पद सुरक्षित किए जाएँगे वे अदला-बदली के जरिए प्रत्येक स्तर पर विभिन्न पंचायतों को आवंटित किए जाएंगे।

आरक्षण के प्रावधान के कारण लगभग 11 लाख महिलाएँ पंचायतों के तीनों स्तरों अर्थात ग्राम पंचायत, क्षेत्रा पंचायत पंचायत समिति व जिला पंचायत में सदस्य व अध्यक्ष के रूप में चुनकर आई है। कुछ राज्यों में तो ग्राम पंचायत के सदस्य व अध्यक्ष सभी महिलाएँ है। त्रिपुरा व पश्चिम बंगाल

में एक-एक मध्य प्रदेश में सात, हरियाणा में एक व महाराष्ट्र में तेरह ग्राम पंचायतों की प्रधान और सदस्य महिलाएँ हैं।

इस पुस्तिका में महिलाओं द्वारा विभिन्न राज्यों में उनके द्वारा किए गए विभिन्न कार्यों का विवेचन करके यह जानने का प्रयास करेंगे कि भले ही अधिकतर महिलाएँ अनपढ़ है, समाज की विभिन्न कुरीतियों की शिकार हैं, उनकी आर्थिक स्थिति मजबूत नहीं है, उन पर पुरुष वर्गो का आधिपत्य है, लेकिन इन सीमाओं के बावजूद भी उन्होंने अपनी समझ और साहस से समाज के सामने वे उदाहरण प्रस्तुत किए हैं जिनसे हम जान सकते हैं कि महिलाएँ पुरुषों से पीछे नहीं रहेंगी। हमारी महिला प्रधान शीर्षक के अन्तर्गत विभिन्न उद्यमशील, साहसी, कर्तव्यपरायण, मेहनती महिला प्रधानों के उदाहरण दिए हैं ताकि हम समझ सकें कि हमारी महिला प्रधानों ने क्या-क्या कीर्तिमान स्थापित किए हैं।

हम कैसे शिक्षा ग्रहण कर सकें कि तमाम पिछड़ेपन होने के बावजूद भी अपनी कर्मठता, लगन व अदम्य साहस से किस प्रकार समाज का विकास किया जा सकता है।

आन्ध्र प्रदेश

फातमाबी गाँव से संयुक्त राष्ट्र तक :

आन्ध्र प्रदेश में पंचायतों के चुनाव सम्पन्न हुए। इन चुनावों में

जिलाधिकारी और ग्राम प्रधान

कर्नूल जनपद की कालबा ग्राम पंचायत की सरपंच (प्रधान) 36 वर्षीय फातिमा बी चुनी गई। फातिमा बी अशिक्षित होने के साथ-साथ घर की चार-दिवारी के अलावा कुछ नहीं जानती थी। सरपंच की सीट महिला के लिए आरक्षित होने के कारण गाँव की महिलाओं ने फातिमा बी को चुनाव लड़ने के लिए प्रेरित किया और सहयोग भी दिया। चुनावों में विजयी घोषित हुई। शुरू-शुरू में फातिमा बी कुछ कहने से बहुत डरती थी। एक दिन जिलाधीश उसे मिलने गाँव आये। उन्होंने कहा, "सरपंच से मिलना है ।" "फातिमा बी के पति ने कहा में ही सरपंच हूँ।" जिलाधिकारी ने कहा लेकिन यहाँ की सरपंच तो महिला है। काफी कुछ कहने सुनने के पश्चात् फातिमा बी को जिलाधिकारी से मिलवाया गया। वास्तव में जिलाधीश फातिमा को प्रशिक्षण शिविर में भाग लेने के लिए न्यौता देने आये थे। फातिमा का प्रशिक्षण शिविर में जाना भी एक समस्या थी। वह कभी घर से बाहर नहीं गयी थी तो कैसे जाए। बच्चों को किसके पास छोड़कर जाये लेकिन जैसे तैसे करके, बच्चों को रिश्तेदारी में छोड़कर प्रशिक्षण शिविर में भाग लेने चली ही गई।

प्रशिक्षण शिविर में भाग लेना उसके जीवन का 'टर्निंग पाइंट' था। तीन दिन के प्रशिक्षण शिविर ने उसकी छुपी मुखरता को उजागर कर दिया। शिविर में उपमंडलीय रेवेन्यू अधिकारी को फतिमा ने कहा "यही व्यक्ति है जिसने मेरे

‘प्रोजेक्ट’ के लिए पैसा मंजूर नहीं किया था और मेरे कुछ पेपर देने से भी इंकार कर दिया था।” उसके यह कहने से सभी चकित हो गए कि जो महिला घर से बाहर नहीं निकलती थी, उसने भरी मीटिंग में बोलने का साहस किया।

अपने कार्यकाल में फातिमा ने पक्की सड़क बनवाई, स्कूल शुरू करवाया, पानी की व्यवस्था की, गरीबों को जमीन से पट्टे दिलवाएं और तालाब की सफाई करवाई। बालाब साफ कराने की भी मजेदार कहानी है। गाँव से लगे तालाब में बहुत कीचड़ भरा था। आसपास की नालियाँ भी कीचड़ से भरी हुई थी। पुरुषों ने कभी साहस ही नहीं किया था उसे साफ करने का। जब फातिमा बी के नेतृत्व में महिलाओं ने इसे साफ करने का बीड़ा उठाया तो पुरुषों ने उनकी मजाक उड़ाई कि जब हम लोग ही इसे साफ नहीं कर पाए तो ये महिला कैसे करेगी।

फातिमा पुरुषों के कहने से निराश नहीं हुई। वह सबसे पहले कीचड़ निकालने के लिए तालाब में घुसी। उसका घुसना था कि सभी महिलाएँ भी नेक कार्य के लिए कीचड़ में घुस गई। उन्होंने उस तालाब को साफ करके ही दम लिया। पुरुषों को अपने दांत तले उंगली दबानी पड़ी।

फातिमा बी अपने क्षेत्र की अकेली महिला थी जिससे मडंल पंचायत की सबसे अधिक बैठकों में भाग लिया। फातिमा को पुरुषों का विरोध सहना पड़ा। पुरुष वर्ग फातिमा को निरूत्साहित करना चाहता था लेकिन फातिमा का दृढ़-

निश्चय व महिलाओं की ऐकता ने पुरुष वर्ग के गरूर को धराशायी कर दिया। इस पंचायत के पास एक तालाब था उसकी मछलियों की हर वर्ष नीलामी होती थी। फातिमा बी के संरपच के चुनाव में गाँव में एक पुरुष ने कार्य किया था। वह चाहता था कि इस तालाब की मछलियों को न्यूनतम राशि पर उसे नीलाम कर दे लेकिन फातिमा बी ने मना कर दिया। यदि तालाब की मछलियों की नीलामी सरपंच उस व्यक्ति के पक्ष में कर देती तो मात्र 20,000 रुपये में ही नीलाम होती। लेकिन फातिमा की सूझबूझ से उस तालाब की मछलियाँ एक लाख रुपये में नीलाम हुई और नीलामी का सारा पैसा ग्राम पंचायत कोष में जमा हुआ। सरपंच के प्रयासों के कारण ही राज्य सरकार की तरफ से कालबा ग्राम पंचायत को 'बैस्ट' ग्राम पंचायत का दर्जा मिला। यही नहीं सयुक्त राष्ट्र की तरफ से भी फातिमा बी को उसके कार्यों को देखकर सम्मानित किया गया।

हरियाणा

नौकरशाही से संघर्ष :

1. फरीदाबाद जिले के होडल ब्लॉक की ग्राम पंचायत बंधा पट्टी की, महिला सरपंच चौहदरण ने अपने गाँव की पानी की समस्या के लिए अपने सचिव को निर्देश दिया कि वह

एस.डी.ओ., स्वास्थ्य को कहे कि गाँव की पानी की व्यवस्था को सुधारे। सचिव ने इसी बात की एक अर्जी एस.डी.ओ., स्वास्थ को दे दी लेकिन नतीजा कुछ भी नहीं निकला। अंत में सरपंच स्वयं एस.डी.ओ, स्वास्थ्य के पास गई और आग्रह किया कि गाँव में पानी की पाइप लाइन खराब होने के कारण मानव व पशुओं दोनों परेशान है। एस. डी. ओ. ने अपने सरकारी अंदाज में कहा मेरे पास 'टाईम' नहीं है। सरपंच ने कहा आप कह रहे हैं कि मेरे पास टाईम नहीं है और गाँव में हम व हमारे पशु पानी के बिना तरस रहे हैं। इसलिए या तो आराम से गाँव चलो नहीं तो गट्टा (कलाई) पकड़कर घसीटती हुई गाँव ले जाऊँगी। सरपंच का इतना कहना था कि एस.डी.ओ. टाईम नहीं है का बहाना छोड़कर एकदम गाँव जाने के लिए तैयार हो गया और दो दिन के अंदर ही पानी की व्यवस्था ठीक कर दी।

2. लाड़ो देवी (मंजे राजनीतिज्ञ बनने की ओर) 45 वर्षीय लाड़ो देवी अमीर वास गाँव पंचायत की सरपंच है। यह पंचायत भिवानी जिले के लोहारू ब्लॉक में स्थित है। यह पंचायत सर्व महिला पंचायत है। लाड़ो देवी के नेतृत्व में इस सर्व महिला ग्राम पंचायत ने सदियों पुरानी पुरुष प्रधान राजनैतिक व्यवस्था को उखाड़ फेंका है। गाँव वालो का कहना है कि ये महिलाएँ मर्दो से अधिक समझती है। गाँव की समस्याओं को ये भली-भाँति ज़ानती है तथा उनका समाधान

कैसे किया जाए उसे भी जानती है। लाड़ो देवी कहती हैं कि पानी की कमी उसके गाँव की सबसे बड़ी समस्या है। गाँव में कोई टयूब-वेल न होने के कारण महिलाओं को दूर-दूर से पानी लाना पड़ता है इसलिए मेरा प्रथम प्रयास गाँव में पानी की उपलब्धता करना है। जब उन्हें पूछा गया कि घर व बाहर वे कैसे संभालेंगी। उनका उत्तर था घर पर कोई खास काम नहीं है, इसलिए मैं अपना सारा समय गाँव के विकास व उसके कल्याण में लगाऊँगी। लाड़ो देवी में आत्मविश्वास पैदा होने का कारण उसकी अपनी मुखरता के साथ-साथ उसमें पति सहयोग भी है। लाड़ो देवी गूंगी गुड़िया की तरह नहीं है वह मंजे हुए राजनैतिक की तरह कहती है कि गाँव की आम राय से गाँव की प्राथमिकता तय करूँगी और साधनों की उपलब्धता को ध्यान में रखते हुए एक-एक करके गाँव की समस्याओं को निपटाऊँगी। इस सर्व महिला पंचायत की प्राथमिकता गाँव में प्रौढ़ शिक्षा की व्यवस्था करना, ताकि प्रौढ़ शिक्षित होकर गाँव की बढ़ती जनसंख्या पर काबू पा सके। गाँव में बच्चों के लिए स्कूल खोलना है।

3. उर्मिला देवी (सामूहिकता से संघर्ष के नेतृत्व की मिशाल) उर्मिला देवी रेवाड़ी जिले के ब्लॉक नाहर की कौसली ग्राम पंचायत की सरपंच है। पंचायतों में आरक्षण के कारण कौसली ग्राम पंचायत की सरपंच की सीट महिला के लिए आरक्षित हो गयी थी। चूँकि उर्मिला देवी पहले से ही

विकास-अधिकारी से विचार-विमर्श करती महिला प्रधान

ग्राम में समाज सेवा में लगी थी, गाँव वालों ने उसके कार्य को देखते हुए सरपंच के पद पर पदासीन कर दिया। मार्च 2000 में हरिणाणा में 73 वे संविधान संशोधन के बाद दूसरे चुनाव हुए। इस बार कौसली ग्राम पंचायत का सरपंच पद सामान्य वर्ग के लिए था। उर्मिला देवी सामान्य सीट से चुनाव लड़ी और विजयी घोषित हुई। उर्मिला देवी ने इस तरह अपनी पहचान बनाई। उर्मिला देवी कहती है कि राजनीति करना पढ़ी लिखी शहरी महिलाओं ही नहीं बल्कि गाँव की सामान्य महिलाएँ भी अपनी सूझबूझ से कुशल राजनेता बन सकती है।

वैसे तो उर्मिला देवी ने अनक कार्य किए लेकिन सबसे महत्वपूर्ण उपलब्धि गाँव में पानी का प्रबंधन करने में प्राप्त की। चुनाव जीतने के बाद उर्मिला देवी ने सभी पंचों से मश्वरा किया और गहन विचार विमर्श के बाद फैसला लिया की सबसे पहले गाँव की गम्भीर समस्याओं पर ध्यान देना हैं।

ग्राम पंचायत स्तर से पानी की समस्या के बारे में प्रस्ताव बनाकर प्रशासन को भेजे गए लेकिन कुछ नहीं हुआ प्रशासन पर दबाव बढ़ाने के लिए जिला कार्यालय पर तीन दिन तक भूख हड़ताल की। जब इससे भी काम नहीं चला तो प्रदेश की राजधानी चण्डीगढ़ में डेरा कूच किया। वहां पर उर्मिला देवी ने रैली निकाली धरने पर बैठी और अन्त में भूख हड़ताल का तरीका अपनाया। इससे सरकार ने उसकी बात को गम्भीरता से लिया और ग्राम की माँग मान ली। इस प्रकार सरकार ने

पानी से सम्बधित बाँध और तालाब के निर्माण के लिए एक करोड़ रुपये मंजूर किये।

पानी की समस्या के समाधान के बाद उर्मिला देवी ने गाँव में फैली गन्दगी, पानी की निकासी व पर्यावरण सुधारने की तरफ ध्यान दिया ताकि गाँव में बीमारियों से बचा जा सके।

इन उपलब्धि के बाद उर्मिला देवी ने ग्राम पंचायत के अपने संसाधानों को मुहैया कराने का बीड़ा उठाया। ग्राम पंचायत की एक लाख रुपये की राशि को बैंक में जमाकर 3 लाख रुपये का ऋण लिया, जिससे कौसली बस स्टैंड पर 35 दुकानें बनवायी। इन दुकानों से 12 हजार रुपये महीने की दर से किराया आता है। इस आमदनी से ऋण की वापसी के साथ-साथ गाँव में निर्माण व रख-रखाव पर भी पैसा व्यय, किया गया। पंचायत के पास जो जमीन थी उसे पुलिस व टेलीफोन विभागों को किराए पर दे दिया जिसकी आय को गाँव के विकास में लगाया।

उर्मिला देवी ने शिक्षको की सहायता से गाँव में गरीबी रेखा के नीचे रह रहे परिवारों का सर्वेक्षण करवाया और इन परिवारों को गरीबी रेखा से नीचे रह रहे परिवारों की सूची में शामिल करवाया। इस समय कौसली गाँव में स्कूल, पंचायत भवन, व पानी की उपलब्धता है। इसके अतिरिक्त सरपंच ने अनेक निर्माण कार्य व विकास कार्य भी गाँव में किए। गाँव की सामाजिक बुराइयों को दूर करने के लिए महिला सशक्तिकरण

समिति एवं दहेज विरोधी समितियों का भी गठन किया। इनसे उर्मिला देवी ने महिलाओं में नयी चेतना फूक दी।

उर्मिला देवी की उपलब्धियों के कारण उर्मिला देवी को इस वर्ष अप्रैल में महिला सशक्तिकरण दिवस के मौके पर सामाजिक विज्ञान संस्थान ने सम्मिलित किया था। इस अवसर पर उर्मिला देवी ने अपनी उपलब्धियों को गिनवाया था। चर्चा के दौरान किसी ने हरियाणा में विपरीत लिंग अनुपात (अर्थात महिला पुरुषों की अपेक्षा कम होना) का जिक्र किया। इसका जवाब देते हुए उर्मिला देवी ने बताया कि इसका मुख्य कारण दहेज प्रथा है। जो परिवार अपनी लड़कियों की शादी में मुंह मांगा दहेज देने के लिए समक्ष नहीं समझते वे पैदा होते ही लड़कियों को मार देते है। इसलिए इस समस्या का समाधान करने के लिए दहेज प्रथा के खिलाफ आन्दोलन करना जरूरी है जिसको में वृहत् स्तर पर करने की सोच रही हूँ।

उर्मिला देवी का आत्मविश्वास कड़ी मेहनत व ईमानदारी ने उसको घर की चारदिवारी से निकालकर ग्राम पंचायत की बागड़ोर सभालने का रास्ता दिखाया। उर्मिला देवी का आन्दोलन का तरीका अंहिसात्मक है वह गांधीवादी विचारों में विश्वास रखती हैं। उर्मिला देवी अपने अनुभवों के आधार पर बताती है कि महिलाओं में दृढ़ इच्छाशक्ति पुरुषों से अधिक है। महिलाओं को घर से बाहर निकलकर व्यवस्था को समझना पड़ेगा जिसके आधार पर वे अपने क्षेत्र की समस्याओं का समाधान कर पाएँगी।

केरल

श्रीमती सुहेरा (निर्भीकता व लोकतांत्रिक तरीके अपनाने की मिसाल)

केरल राज्य में श्रीमती सुहेरा 'पुथीक' ग्राम पंचायत की अध्यक्ष थी। जिस वार्ड से सुहेरा चुनाव लड़ी वह महिलाओं के लिए आरक्षित थी। तथा सरपंच पद भी महिला के लिए ही सुरक्षित था। ध्यान रहे केरल में प्रधान का चुनाव प्रत्यक्ष रूप से मतदाताओं द्वारा न होकर अप्रत्यक्ष रूप से पंचों द्वारा होता है। उस समय सत्ता में सत्तारूढ़ दल मार्क्सवादी पार्टी ऐसी महिला कों अध्यक्ष बनाना चाहती थी जो पार्टी के इशारे पर नाचती रहे। इसलिए पार्टी ने अपने एक कामरेड़ की पत्नी जिसका नाम सुहेरा था, को उम्मीदवार बनाया। पार्टी ने जिला स्तर पर एक उपसमिति बनाई और फैसला किया कि इस समिति द्वारा मंजूर किए गए विकास कार्य ही पंचायत क्षेत्र में लागू होंगे। इस प्रकार निर्णय लेने की शक्ति ग्राम पंचायत में निहित न कर इस उपसमिति में निहित हो गई। श्रीमती सुहेरा को यह मंजूर नहीं था। उसका तर्क था "मुझे यहां की जनता ने चुना है और उन्हीं के आदेश मैं मानूंगी। मेरे लिए ग्राम पंचायत में नियम व कानून माननीय है न कि पार्टी का आदेश"। अंततः सुहेरा को अपने पद से त्यागपत्र देना पड़ा। सुहेरा ने इस प्रकार

साहस, निर्भीकता और लोकतांत्रिक तरीके से कार्य करने की मिसाल सामने रखी। दूसरे शब्दों में कहे कि उसने अपना पद त्याग दिया लेकिन लोकतांत्रिक तरीका नहीं त्यागा।

गुजरात

सुधा पटेल : (सांसद बनने की चाहत)

सुधा पटेल आनंद जिले के चंगा गाँव की सरपंच है। जन्म से उसकी आँखों में ज्योति नहीं है लेकिन जोश व उमंग में उसमें कमी नहीं है। उसको मां व बाप का स्नेह मिला जिससे उसमें आत्मविश्वास पैदा हुआ। सुधा ने ब्रेल लिपि के माध्यम से पढ़ाई शुरू की। सुधा हिन्दी में एम.ए. हैं, वकालत की पढ़ाई की है और आजकल हिन्दी में पी.एच.डी. की तैयारी कर रही हैं। उसने हिन्दी साहित्य में भी शिक्षा प्राप्त की है। उसे गाने का भी शौक है।

वह कैसे सरपंच बनी यह भी मजेदार कहानी है। चंगा गाँव की सरपंच की सीट महिला के लिए आरक्षित हो गयी थी। गाँव वाले चाहते थे कि सुधा की माँ को चुनाव लड़ाया जाये लेकिन माँ ने सुझाव दिया कि सुधा को चुनाव लड़ाया जाये। यह बात गाँव वालों को जमी नहीं क्योंकि उनको सुधा पर विश्वास नहीं था कि वह नेत्रहीन होते हुए ग्राम सरपंच

नेत्रहीन महिला सरपंच

का कार्यभार सम्भाल ले लेगी। सुधा की माँ ने गाँववालों की शंका की समाधान हेलन केलर के उदाहरण देकर किया जिसने अन्धा होते हुए भी अनेक कार्य किए थे। हेलन केलर की कहानी से गाँव वाले सन्तुष्ट हो गए और उन्होंने सुधा को चुनाव में सर्मथन देने का फैसला कर लिया। सरपंच के चुनाव के सात उम्मीदवार थे। जिनमें से एक ने तो पैसा पानी की तरह बहाया था लेकिन फिर भी सुधा 140 मतों से विजयी घोषित हुई। चुनाव जीतते ही सुधा के गाँव में साम्प्रदायिक दंगा हो गया। हुआ यूं कि चूँकि गाँव के मुसलमानों ने सुधा को समर्थन दिया था, हारे हुए उम्मीदवारों ने अपनी हार का बदला लेने के लिए गाँव में साम्प्रदायिक दंगा करा दिया। माहौल तनावपूर्ण था। सुधा ने तुरन्त पुलिस को फोन किया। पुलिस ने दंगाइयों को गिरफ्तार कर लिया जिससे गाँव में शान्ति बहाल हो सकी। सुधा बताती है कि यह उसका पहला अनुभव था।

सुधा का उद्‌देश्य गाँवों की समस्याओं को गाँव वालों के सहयोग से निबटाना था। उसका लक्ष्य शिक्षा को बढ़ावा देना, स्वास्थ्य, जल आपूर्ति, सड़कों, दूरसंचार, सड़क, प्रकाश व्यवस्था का इन्तजाम करने के साथ-साथ सामाजिक जागरूकता व आपसी सहयोग को बढ़ावा देना है। सुधा कहती है अगर आपसी सहयोग व आम लोगों में सामाजिक जागरूकता हों तो अनेक समस्याएं ऐसे ही दूर हो जाती है।

सुधा की उपलब्धियों की 'लिस्ट' बहुत लम्बी है। सुधा ने गाँव के प्राईमरी स्कूल की चारदिवारी बनवाई। गाँव के माध्यामिक स्कूल में 7 कम्पयूटर लगवाए। नेत्र शिविर भी आयोजित किए गए जिनमें अनेक लोगों की आँखों की जांच की गई और जरूरत मंदो को नजर के चश्मे भी दिए गए। पानी की कमी को पुरा करने के लिए कुँए खुदवाए। गाँव में ट्यूबवैल भी लगाए गए। सांसद कोष और पंचायत अनुदान को मिलाकर सड़कों का निर्माण किया गया।

सुधा सांसद का चुनाव लड़कर लोगों को बताना चाहती है कि सांसद बनने के बाद वह गाँव का चहुंमुखी विकास कर सकती है। सुधा पटेल को सामाजिक विज्ञान संस्थान ने वर्ष 2000 में मनाए गए महिला सशक्तिकरण दिवस समारोह में विशिष्ट महिला सरपंच पुरस्कार दिया है। यह पुरस्कार सुधा पटेल के ग्रामीण विकास में उल्लेखनीय कार्य हासिल करने के कारण दिया गया था।

मध्य प्रदेश

श्रीमती लक्ष्मी उजला : (पति की छाया मंजूर नहीं)

श्रीमती लक्ष्मी उजला सिहोर जिले के लावहसुरिया परिहार ग्राम पंचायत की सरपंच थी। यह ग्राम पंचायत सर्व महिला

पंचायत थी। शुरू-शुरू में श्रीमती लक्ष्मी उजला अपने पति की छाया में कार्य करती थी लेकिन धीरे-धीरे उसने महसूस किया कि इससे काम बनने वाला नहीं है। उसने सोचा क्यों नहीं वह धीरे-धीरे ब्लॉक कार्यालय में जाए व वहां पर अधिकारियों व कर्मचारियों से विकास के बारे में बात करे। उसने ऐसा ही किया। और जैसे-जैसे उसका संवाद घर से बाहर भी दुनिया से होता गया वह जागरूक होती चली गयी क्योंकि उसकी समझ ग्रामीण विकास के कार्य कराने के प्रति बढ़ती चली गयी। इस प्रकार वह पति की छाया से बाहर निकली और फिर उसने पीछे मुड़कर नहीं देखा।

श्रीमती लक्ष्मी उजला ने अपनी नेतागिरी की धाक सारे क्षेत्र में जमा दी। उसने ग्राम के विकास के लिए मुख्यतः महिलाओं के विकास की अनेक योजनाएं गाँव में लाई। गाँव में सहभागिता के आधार पर उसने मन्दिर बनवाया और पूर्ण साक्षरता अभियान भी ग्राम पंचायत में चलाया। वह बिना किसी झिझक के ग्राम सभा व ग्राम पंचायत की अध्यक्षता करती।

श्रीमती लक्ष्मी उजला ने मुख्यमंत्री व प्रधानमंत्री को अपने गाँव की विभिन्न समस्याओं के बारे में अवगत कराया था। एक बार तो वह स्वयं अपने गाँव वालों को मुख्यमंत्री के पास भी लेकर गई थी। श्रीमती उजला ने एक बैठक में कहा था कि वैसे अखबार में मेरा फोटो छापकर यह कहा कि मेरे पास जिलाधीश की शक्तियाँ है लेकिन वर्षो तक इधर-उधर

घूमने से कुछ हासिल नहीं हुआ इसलिए मैं कोई शक्ति नहीं चाहती सब वापस ले लीजिए।

मध्य प्रदेश

सोजर बाई (भ्रष्टाचार के खिलाफ लड़ाई)

सोजर बाई हरदा जिले की ग्राम पंचायत रामटेक की सरपंच है। वह अनुसूचित जाति के बलाई समुदाय से है। सोजर बाई अपने क्षेत्र में भ्रष्टाचार के खिलाफ लड़ाई का प्रतीक है। सोजर बाई के सधर्षों का ही नतीजा है कि जनपद पंचायत खिरकिया के मुख्य कार्य पालक अधिकारी को भ्रष्टाचार के आरोप में बरखास्त करवाया था। वह कहती है कि वैसे तो सरकारी आदेश के अनुसार अनेक अधिकार व शक्तियाँ पंचायतों को हस्तांतरित कर दी है लेकिन सही मायनों में चुने प्रतिनिधियों के ऊपर नौकरशाही सवार है। नौकरशाही चाहती है कि पंचायत सरपंच उनके आगे पीछे चक्कर लगाते रहें और जैसा वे कहें उसी के अनुसार सरपंच कार्य करे। सोजर बाई भले ही समाज के नीचे तबके से है, अनपढ़ है लेकिन वह कमजोर नहीं है।

सोज़र बाई किसानी व मजदूरी के जरिए 6 बच्चों का लालन पालन करती अन्य तीन प्रत्याशियों को सबसे अधिक

मतों से हराकर पूरे खिरकिया ब्लॉक में सिक्का जमाया। सोजर बाई बताती है कि अनुसूचित जाति के लिए सरपंच का पद आरक्षित होने से वह गाँववाले के कहने से सरपंच पद की प्रत्याशी बनी। सरपंच बनने से पहले वह कभी ब्लॉक मुख्यालय नहीं गयी थी। यही नहीं कुछ लोग मेरे सरपंच पद का नाजायज फायदा उठाना चाहते थे। लेकिन जब सरपंच की जिम्मेदारी सिर पर आई तो उससे मुझमें हिम्मत आई और में अपना कार्य स्वयं करने लगी।

जनपद पंचायत के मुख्य कार्य पालक अधिकारी से परेशान तो सभी सरपंच थे। सभी रिश्वत देकर काम करा लेते थे लेकिन किसकी भी हिम्मत नहीं थी उसके खिलाफ आवाज उठाने की। सोजर बाई ने सरपंच पद जीतने के कुछ महीनों बाद ही उसके खिलाफ लड़ाई शुरू कर दी।

सोजर बाई की भ्रष्टाचार के खिलाफ लड़ाई की कहानी इस प्रकार है। जवाहर ग्राम समृद्धि योजना के तहत रामटेक ग्राम पंचायत को 50,000 रुपये की राशि मिली थी, जिससे सड़क व नाली निर्माण कार्य करना था। सोजर बाई ने 15000 रुपये खाते से निकाल कर ग्राम पंचायत सचिव को दिए ताकि मजदूरों की मजदूरी, ट्रैक्टर का भाड़ा व सीमेन्ट बिलों का भुगतान किया जा सके। सरपंच ने इस राशि की रसीद पंचायत सचिव से प्राप्त कर ली थी। पंचायत सचिव ने यह राशि मजदूरों, ट्रैक्टर मालिकों व सीमेंट बिल का भुगतान करने

भ्रष्टाचार के खिलाफ लड़ाई

की बजाए अपनी जेब में रख ली। ट्रैक्टर मलिक का भाड़ा न मिलने पर वह सरपंच के पास गया। सरपंच ने कहा क्या पंचायत सचिव ने पैसा नहीं दिया है। उसका उत्तर था नहीं।

पंचायत सचिव की शिकायत करने जब सरपंच जनपद मुख्य कार्यपालन अधिकारी के पास गई तो उसका जवाब तो ऐसा तो होता ही रहता है। मुख्य कार्यपालन अधिकारी ने उससे कहा कि तुम ऐसा करो कि बैंक की शेष राशि में से 25000 रुपये निकालकर मेरे पास आओ। सरपंच ने ऐसा ही किया लेकिन वह पैसा लेकर अकेली न जाकर गाँव मजदूरों पंचों व उपसरपंच को भी साथ ले गयी और उनकी ही उपस्थिति में पैसा मुख्य कार्यपालन अधिकारी को सौंप दिया। मुख्य कार्यपालन अधिकारी ने 14550 रुपये ट्रैक्टर मालिक को दे दिए और बाकी राशि अपने पास रख ली। सोजर बाई ने जब बाकी राशि मांगी तो उसने देने से इन्कार कर दिया यह कहकर कि यह तो उसका कमीशन है। तुम अभी-अभी सरपंच चुनकर आई हो धीरे-धीरे तुम्हें कार्य करने का तरीका पता चल जाएगा।

सोजर बाई ने कहा इतनी बड़ी रकम के बारे में गाँव वालों से क्या कहूँगी, कैसे मैं लोगों को इसका हिसाब किताब दूँगी। इस पर मुख्य कार्यपालन अधिकारी ने कहा पंचायत सचिव हमारा अपना आदमी है वह आपको सब बता देगा कि कैसे-कैसे करना है। यह सब तमाशा गाँव के मजदूर भी

देख रहे थे। सोजर बाई को इस घटना ने झकझोर कर दिया। उसने सपथ लेकर बीड़ा उठाया कि मैं इस भ्रष्ट अधिकारी के खिलाप कलेक्टर व राज्य सचिवालय में शिकायत करूँगी।

सोजर देवी को कई लोगों ने समझाया कि इस अधिकारी का कुछ नहीं बिगड़ेगा तुम ही अपना नुकसान कर बैठोगी। लेकिन वह नहीं मानी, उसने हिम्मत नहीं हारी। नतीजा शिकायत के दस दिन बाद ही सरकार ने उस अधिकारी को निलंबित कर दिया। सोजर बाई की इस लड़ाई की चर्चा सम्पूर्ण हरदा जिले में है। उसके इस कार्य से स्थानीय सरपंचों व पंचों में आत्मविश्वास बढ़ा व जागरूकता आई। सोजर बाई इसका जीता जागता उदाहरण है कि गरीब समाज भले ही अशिक्षित हो लेकिन यदि अपनी पर आ जाता है तो बहुत कुछ दिखा सकता है।

राजस्थान

लूणी देवी : (सलाह मश्विरे का सफल उदाहरण)

लूणी देवी बीकानेर जिले की ग्राम पंचायत अड़ूरी की सरपंच है। ग्राम पंचायत अड़ूरी छह गाँवों को मिलाकर बनी है। गाँव में जब यह खबर गई कि ग्राम सरपंच की सीट महिला के लिए आरक्षित है तो सब में इस बात पर चर्चा होने लगी कि

किस महिला को चुनाव में खड़ा किया जाये। कौन यहां का उम्मीदवार होगा। लेकिन जब यह पता चला कि वही महिला चुनाव में खड़ी हो सकती है जिसके पास दो से ज्यादा बच्चे न हों। इसके कारण फिर से नए उम्मीदवारों की खोज शुरू हो गयी जिनमें एक नाम लूणी देवी का भी था।

लूणी देवी बताती है कि शुरू में उसके नाम पर आम सहमति थी लेकिन गाँव में छोटी मोटी राजनीति चलती रहती है, जिसके कारण मेरे खिलाफ एक 85 वर्षीय महिला उम्मीदवार बना दी, लूणी देवी कहती हैं कहाँ मैं 22 वर्ष की और कहा 85 वर्ष की बुढ़िया। मेरे लिए उसके सामने चुनाव लड़ना भारी काम था। लेकिन अन्नतः गाँव वालों का मुझे सहयोग मिला और मैं विजय घोषित हुई। लूणी देवी कहती हैं कि चुनाव जीतने के बाद सबसे पहले मैंने अपनी प्रतिद्वंद्वी 85 वर्षीय महिला का आर्शीवाद लिया और मैं उसके सलाह मश्वरे से ही कार्य करती हूँ।

लूणी देवी बताती है कि उसका पति दो विषयों में एम. ए. हैं। वह मेरे कार्य में पूरी मदद करता है लेकिन कार्य में नेतृत्व मेरा ही रहता है। लूणी देवी ने भ्रष्टाचार न होने की कसम खाई है वह उदाहरण देकर बताती है कि पिछले दिनों ठेकेदार ने मजदूरों को पूरी मजदूरी नहीं दी, तो मैंने ठेकेदार के कॉलर पकड़कर मजदूरों को पूरी मजदूरी दिलवाई। लूणी

बुजुर्गों से सलाह-मश्विरा

देवी कहती है कि भ्रष्टाचार रोकने के लिए में हर काम पर निगरानी रखती हूँ चाहे वह कार्य सड़क बनाने का हो, पेंशन का वितरण हो, या 'लोन' का आवंटन हो।

लूणी देवी के मुख्यतः दो सपने है। प्रथम, आर्थिक स्वाबलंबन और दूसरा सबका स्वास्थ्य। आर्थिक स्वाबलंबन के लिए लूणी देवी ने 20 महिलाओं का समूह बनाकर उन्हें ऋण दिलवाकर जर दौजी का काम शुरू करवाया है। इसके अतिरिक्त वह और भी आर्थिक कार्यकलाप शुरू करने वाली है क्योंकि वह जानती है कि गरीबी उन्मूलन के लिए महिलाओं को छोटे व कुटीर उद्योगों में लगाया जाये। लूणी देवी स्वयं भी उन्मूलन ट्रस्ट द्वारा चलाए गए आर्थिक कार्यक्रमों में जरदोजी का कार्य करती है। वह कहती है कि शिक्षा का स्तर बाल विवाह व अन्य सामाजिक बुराईयों को रोकने में सहायक सिद्ध हो सकता है।

लूणी देवी ने अपने कार्यकाल के दौरान गरीब परिवारों के लिए मकान बनावाए, सड़क निर्माण, स्कूल, पेयजल व्यवस्था जैसे कार्य किए हैं। अडूरी ग्रांम पंचायत छह ग्रामों को मिलकर बनी है। लूणी देवी अपने गाँव की बजाए ग्राम पंचायत के अन्य 5 गाँवों को विकास कार्यों में प्राथमिकता देकर पंचायत समिति क्षेत्र में मिसाल बन गई है।

उत्तर प्रदेश

श्रीमती ओमवती (सामन्तवाद से लड़ाई)

श्रीमती ओमवती ग्राम पंचायत बरलाजट, जिला मुजफ्फर नगर, उत्तर प्रदेश की प्रधान थी। वह दलित समाज से थीं। ग्राम पंचायत में जाटों का बोलबाला था तथा उप प्रधान भी जाट ही था। जाट लोग इस महिला को अपने अनुसार प्रयोग करना चाहते थे। इसलिए उप प्रधान और पंचायत के अन्य संपन्न परिवारों ने पहले तो प्रधान से कहा "तुम तो अनपढ़ हो, तुम्हें क्या पता कि प्रधानी क्या होती है। इसलिए ग्राम पंचायत के सभी कागजात हमारे यहां रख दो। उसने कहा, क्यों? सब कागजात मेरे ही पास रहेंगे ।" गाँव के सम्पन्न वर्ग ही नहीं, बल्कि ग्राम पंचायत सचिव भी प्रधान का साथ न देकर उन लोगों का ही साथ दे रहा था जो महिला से प्रधानी हाथियाने के चक्कर में थे। जब ओमवती किसी भी तरह से उनके नियन्त्रण में नहीं आई तो उसके खिलाफ अविश्वास प्रस्ताव लाने के लिए उप प्रधान ने सभी दलित और अन्य पंचायत सदस्यों को खरीदने का प्रयास किया। अविश्वास प्रस्ताव लाने से पहले महिला प्रधान के परिवार पर हमला भी किया, जिससे सरपंच ने अपनी सुरक्षा के लिए पुलिस का दरवाजा भी खटखटाया। कुल मिलाकर निर्भीक महिला प्रधान ने उपप्रधान को जो

उसे प्रधान पद से हटवाना चाहता था 24 दिनों की जेल की हवा खिलाई। ओमवती की प्राथमिकता गाँव में उचित शिक्षा, चिकित्सा और रोजगार के अवसर उपलब्ध कराना था।

पं. बंगाल

कमला मेहतो : (जनता से संवाद स्थापित किया)

कमला मेहतो ग्राम पंचायत बनडोन जिला पुरूलिया की प्रधान है। कमला का कहना है कि मैंने कभी भी अपने पति या किसी अन्य के कहे अनुसार कार्य नहीं किया। मैंने जो उचित समझा वही किया। कमला ने अपने 5 वर्ष के कार्य काल में शिक्षा, चिकित्सा व अन्य कार्यों के अलावा 10 नलकूप लगवाएँ।

पहले जब पुरुष गाँव का प्रधान था तो महिलाओं का उससे संवाद नहीं था। जिसे प्रधान नजर आया तो सिर को ओढनी से ढक लेती थीं लेकिन कुछ कह नहीं पाती थीं। अब वे मेरे से खुलकर बातें करती हैं। इस ग्राम पंचायत में कमला के अलावा 5 अन्य महिलाएँ ग्राम पंचायत सदस्य है। इन महिलाओं ने कमला के नेतृत्व में महिलाओं के लिए आय सृजन के विभिन्न कार्यकलाप शुरू किए हैं। अब महिलाएँ स्वयं अपनी आवश्यकता की पूर्ति करती है। अगर नलकूप खराब हो जाता है तो वे स्वयं उसकी मरम्मत करती है।

जनता से संवाद

महिलाएँ वास्तव में अपने पैरों पर खड़ी हो गई हैं। उनकी यह सोच की सभी कार्य पुरुष द्वारा ही होंगे, बदल गई हैं।

कमला आगे बताती है कि आरक्षण का एक महत्वपूर्ण योगदान यह है कि अब महिलाएँ स्वयं पारिवारिक झगड़ों को निबटा रही हैं। महिलाओं को सुसराल वालों ने सताया होता था तो वे कही नहीं जा पाती थीं। बस दुःख सहन करती रही थीं लेकिन अब वे मेरे पास दौड़ी चली आती हैं। कमला वैसे कभी कोर्ट कचहरी नहीं गई है लेकिन उसने अपनी सूझबूझ से अनेक घरेलू झगडों को जो दहेज व शराब से सम्बन्धित थे, सुलझाए हैं।

अब पति दखल नहीं दे सकते

उत्तर प्रदेश सरकार ने एक आदेश जारी कर महिला संरपचों के पतियों की पंचायत के काम-काज में दखलंदाजी पर रोक लगा दी है। जिला मेजिस्ट्रेटों को भेजे गए इस आदेश में इस बात का विस्तार से वर्णन है कि महिला संरपचों के पतियों को क्या नहीं करना चाहिए। उन्हें जरूरी कामों के अलावा अपनी बीवियों के कार्यकालों में प्रवेश की अनुमति नहीं होगी। वह पंचायतों की बैठकों में भाग नहीं ले सकेंगे और उन्हें ग्रामीणों से ज्ञापन लेने और सरकारी वाहनों में यात्रा करने की अनुमति भी नहीं होगी।

महिला संरपचों ने की अमेरिका की यात्रा

भारत की चार महिला पंचायत नेताओं-गुजरात की इलाबेन परमार, राजस्थान की शंकुलता शर्मा, मध्य प्रदेश की नंदा प्रेमदास बैरागी और कर्नाटक की मुड्डा इरेका ने अमेरिका के न्यूयॉर्क शहर में आयोजित सम्मेलन में शिरकत की। सम्मेलन में लगभग 1800 विशिष्ट एवं गणमान्य व्यक्तियों के समक्ष इन महिला नेताओं ने भारत की पंचायत राज प्रणाली पर अपने विचार व्यक्त किये। अंतर्राष्ट्रीय संगठन 'हंगर प्रोजेक्ट' ने बुनियादी स्तर पर महिलाओं का नेतृत्व उभारने के लिए 'साउथ एशिया एनिशिएटिव' नामक अपनी शाखा शुरू करने के मौके पर इन भारतीय पंचायत नेताओं को आमंत्रित किया था। 24 सितंबर 2000 की रात हिल्टन होटल में आयोजित रात्रि भोज ने इन महिला पंचायत सदस्यों ने अपनी मातृ-भाषा में सम्मेलन के प्रतिनिधियों को संबोधित किया। उन्होंने बताया कि पंचायत के लिए चुने जाने के बाद उन्हें किस तरह के अधिकार प्राप्त है और वे लोग किस प्रकार गाँव के लोगों का जीवन बदलने की कोशिश कर रही हैं।

पंचायती राज और महिलाएँ : कई उपलब्धियाँ, कुछ अवरोध

पी. राम कुमारी विशाखापटनम जिले (आंध्र प्रदेश) से सरपंच चुनी गई हैं। यह सीट महिलाओं के लिए आरक्षित नहीं है तो भी वे काफी अधिक वोटों से चुनाव जीत सकीं। राम कुमारी मैट्रिक पास हैं और इस गाँव की पहली महिला सरपंच हैं। उनके चुनाव से पहले यह गाँव बाढ़ व जल भराव की समस्या से बार-बार परेशान होता था। राम कुमारी ने सरपंच बनने के बाद पुराने रिकार्डों की जाँच करवाकर पता लगवाया कि पहले इस गाँव में एक नाला था जिसमें अधिकांश पानी बह जाता था। धीरे-धीरे इसमें गंदगी भरती गई व जब नाला भर गया तो इस जमीन का अतिक्रमण कर लिया गया। राम कुमारी ने पहले इस अतिक्रमण को हटवाया व फिर अधिकांश ग्रामवासियों के सहयोग व श्रमदान से नाला खुदवाया। इससे बाढ़ व जल भराव की समस्या से बड़ी राहतें मिली। साथ ही इस महिला सरपंच ने गाँव को साफ़ रखने व यहाँ हरियाली बढ़ाने में भी महत्त्वपूर्ण कार्य किया।

जन स्वास्थ्य केन्द्र

प्रायः विधवा महिलाओं के बारे में यह समझा जाता है कि रूढ़िग्रस्त गाँवों में उनकी सक्रिय भूमिका नहीं हो सकती है। किंतु उर्मिला यादव ने हरियाणा के कोसली गाँव में जो कर दिखाया है उससे तो बहुत उम्मीद बँधती है। उन्होंने सरपंच चुने जाने के बाद पंचायत भूमि से अतिक्रमण हटवाया। फिर कम ब्याज पर कर्ज प्राप्त कर दुकानें बनवाईं जिनके किराए से अब पंचायत को अच्छी आय हो रही है। साफ पेयजल की उपलब्धि करवाने और इस तरह कई बीमारियों का प्रकोप रोकने के लिए भी उन्होंने काम किया।

हरदा जिले की रामटेक पंचायत की दलित सरपंच सोजरबाई से जब एक उच्चाधिकारी ने रिश्वत माँगी तो अनपढ़ होने के बावजूद सोजरबाई ने इस भ्रष्ट अधिकारी के विरुद्ध युद्ध छेड़ दिया। आरंभ में सभी ने डराया कि अधिकारी के तो बहुत संपर्क हैं, तुम उसका सामना कैसे करोगी। पर अंत में जीत सोजरबाई की ही हुई। भ्रष्टाचार के लिए बदनाम इस अधिकारी को हटाया गया जिससे अनेक गाँवों को राहत मिली।

इस तरह के अनेक उदाहरण देश के दूर-दूर के गाँवों से सामने आ रहे हैं जिनसे लगता है कि पंचायती राज में विभिन्न स्तरों पर महिलाओं का आरक्षण सार्थक रहा है। हालाँकि दूसरी ओर यह भी सच है कि अनेक गाँवों में उनके अपने ही परिवारों के पुरुषों ने महिला निर्वाचित सदस्यों को स्वतंत्र भूमिका नहीं निभाने दी है और अपनी ही महत्त्वाकांक्षाओं को आगे बढ़ाया

है। यह भी सच है कि कई जगहों पर विशेषकर गरीब व दलित महिला निर्वाचित प्रतिनिधियों को गाँवों के शक्तिशाली लोगों ने ठीक से काम नहीं करने दिया व कई जगहों पर तो बुरी तरह अपमानित भी किया। भ्रष्ट अधिकारियों ने भी उनके द्वारा सार्थक भूमिका निभाने के रास्ते में कई रुकावटें डालीं। कई जगह अच्छा कार्य करने के बावजूद उनके विरुद्ध अविश्वास प्रस्ताव लाए गए। इसके बावजूद कुल मिलाकर पंचायती राज में विभिन्न स्तरों पर महिलाओं को 33 प्रतिशत आरक्षण मिलने से ग्रामीण विकास व लोकतांत्रिक प्रक्रिया में महिलाओं की भागीदारी की ऐसी नई संभावनाएँ उत्पन्न हुई हैं जो पहले देखी नहीं गई थीं। अनुकूल परिस्थितियाँ मिलने पर और कहीं-कहीं तो प्रतिकूल परिस्थितियों के बावजूद कई महिला निर्वाचित प्रतिनिधियों ने बहुत सार्थक कार्य कर दिखाया है। भारतीय ग्रामीण समाज के सार्वजनिक कार्यों में बहुत समय से पुरुषों की प्रधानता रही है और महिलाओं की भागीदारी गौण रही है। इसके बावजूद शराब के विरोध और वनों की रक्षा जैसे पूरे गाँव की भलाई के कार्यों के लिए जब आंदोलन हुए तो कई बार ग्रामीण महिलाओं ने आगे आकर, बहुत हिम्मत दिखाते हुए अत्यंत सार्थक व महत्त्वपूर्ण भूमिका निभाई।

इसके साथ यह सोच भी सामने आई कि यदि महिलाओं को ग्रामीण विकास व लोकतांत्रिक प्रक्रिया में अधिक सक्रिय भूमिका मिले तो कई स्तरों पर सार्थक सामाजिक बदलाव

शराब पीना छोड़ो
शराब की दुकान
शराब पीना छोड़ो
शराब की दुकाने बंद करो
शराब की दुकाने बंद करो

का काम अधिक तेजी से आगे बढ़ सकता है। धनी वर्ग की महिलाओं से समता के महत्त्वपूर्ण कदम उठाने की उम्मीद तो नहीं की जा सकती थी, न ही अनेक महिलाओं के अंधविश्वासों व रूढ़िवादी विचारों से इनकार किया जा सकता था। इसके बावजूद अनेक सार्थक सामाजिक कार्यों के लिए महिलाओं में अधिक उत्साह होने व उनके द्वारा अधिक लगन से कार्य करने की उम्मीद जरूर की जा सकती थी जिसकी झलक कुछ जन आंदोलनों में पहले भी मिल चुकी थी।

आज से लगभग एक दशक पूर्व जब संविधान में संशोधन कर पंचायती राज को सशक्त करने पर गंभीरता से विचार हो रहा था, तो इस आधार पर इनमें महिलाओं को समुचित आरक्षण देने का सवाल भी उठा। केरल, कर्नाटक व पश्चिम बंगाल जैसे कुछ राज्यों में इसे पहले से आजमाया जा चुका था व वहाँ भी परिणाम कुल मिलाकर संतोषजनक ही मिले थे। अतः महिलाओं के लिए 33 प्रतिशत आरक्षण का निर्णय ले ही लिया गया। विश्व स्तर पर विकासशील देशों में महिलाओं के सशक्तीकरण के एक महत्त्वपूर्ण कदम के रूप में इस निर्णय का स्वागत हुआ, जबकि अपने ही देश में कुछ लोगों ने महिलाओं में शिक्षा की कमी को देखते हुए कहा कि पहले अधिक ध्यान शिक्षा के प्रसार पर दिया जाना चाहिए था।

वर्ष 1993-94 के पंचायती चुनावों में विभिन्न स्तरों पर लगभग आठ लाख महिला प्रतिनिधियों का निर्वाचन हुआ।

इसमें संदेह नहीं कि बिना आरक्षण के इतनी बड़ी संख्या में महिलाएँ निर्वाचित नहीं हो सकती थीं। पूर्वी उत्तर प्रदेश में सहभागी शिक्षा केंद्र द्वारा किए गए एक अध्ययन के अनुसार जिन ग्राम पंचायतों में महिलाओं का चुनाव हुआ वहाँ यदि आरक्षण न होता तो इनमें से 90 प्रतिशत सीटों पर इन परिवारों का कोई पुरुष सदस्य चुनाव लड़ता। यह अध्ययन गाजीपुर व कुशीनगर जिलों की 80 ग्राम पंचायतों में वर्ष 1999 में किया गया था।

यह आरक्षण लाखों महिलाओं को स्थानीय स्वशासन की चुनावी प्रक्रिया में लाकर निर्वाचित करवाने में तो सफल रहा, पर इनसे समाज में कितना और कैसा सार्थक बदलाव आ सका? मध्य प्रदेश के देवास जिले में ऐसी कई सरपंचों के उदाहरण उपलब्ध हैं जो कई तरह के रचनात्मक कार्यों में सफल रहीं। टोंक कला ग्राम पंचायत की सरपंच चुनाव के समय निरक्षर थीं, पर उन्होंने न केवल स्वयं को शिक्षित किया अपितु गाँववासियों के सहयोग से साक्षरता के कार्य को तेजी से आगे बढ़ाया। एक अन्य सरपंच रामप्यारी बाई ने नुक्कड़ नाटक टीम का गठन किया जिसने सामाजिक चेतना के संदेश दूर-दूर तक पहुँचाए। आपसी समझ बनाकर गाँव में बाल-विवाह कम करने में भी उन्होंने सफलता प्राप्त की। इंदौर जिले की सिरमौल पंचायत की सरपंच किरण कंचन ने पंचायत की भूमि से अतिक्रमण हटवाकर यहाँ प्रसूति केंद्र

बनवाया। एक रोगी कल्याण समिति का गठन किया गया व स्वास्थ्यकर्मियों को लोगों के प्रति जिम्मेदार बनाने का प्रयास भी किया गया।

राजस्थान के अलवर जिले की पंचायत अकलीमपुर की सरपंच सुविधा ने शाला भवन, स्वास्थ्य केंद्र भवन और नलकूप जैसे अनेक निर्माण कार्य करवाए, पर एक भ्रष्ट अधिकारी की वजह से नलकूप का काम अटक गया। इस भ्रष्टाचार के विरुद्ध सुविधा ने राष्ट्रीय महिला आयोग तक आवाज उठाई व अंत में बिना कोई कमीशन दिए गाँव का विकास कार्य आगे बढ़ाने में सफलता प्राप्त की।

प्रायः आदिवासी व दलित निर्वाचित महिलाओं को अधिक कठिनाइयों का सामना करना पड़ रहा है क्योंकि समाज में लिंग के साथ जाति के आधार पर जो भेदभाव है उसका दोहरा दबाव उन्हें सहना पड़ता है। जोधपुर जिले के सेघासर गाँव से निर्वाचित सरपंच किरण मेघवाल ने प्रयास किया कि नए विकास व निर्माण कार्य को गरीबों व दलितों की बस्तियों तक भी ले जाया जाये। इस वजह से उनके पति को मारा-पीटा गया व उनके विरुद्ध अविश्वास प्रस्ताव लाने का प्रयास किया गया।

छग्गीमाई ने अजमेर जिले के रसूलपुरा गाँव की सरपंच बनने के बाद शराब के विरुद्ध अपनी आवाज बुलंद की। शराब के व्यवसाय से जुड़े स्वार्थ उनके विरुद्ध सक्रिय हुए

जन स्वास्थ्य केन्द्र

व उनके विरुद्ध अविश्वास प्रस्ताव पास किया गया। यह बात अलग है कि कुछ सामाजिक कार्यकर्त्ताओं की मदद से वे हाई कोर्ट से स्थगन आदेश प्राप्त करने में सफल हुईं। महाराष्ट्र के परचापुर गाँव की आदिवासी सरपंच ने सार्वजनिक वितरण प्रणाली में भ्रष्टाचार का विरोध किया तो उन्हें अविश्वास प्रस्ताव लाकर हटा दिया गया। शिवपुरी जिले (मध्य प्रदेश) की आदिवासी सरपंच ने एक जमीन के झगड़े में ऊँची जाति के शक्तिशाली व्यक्ति के विरुद्ध एक आदिवासी व्यक्ति का साथ दिया तो उनके विरुद्ध अविश्वास प्रस्ताव स्वीकृत करवा दिया गया।

दौसा जिले के ठीकरी गाँव (राजस्थान) की आदिवासी सरपंच को तो बहुत बुरी तरह अपमानित किया गया। स्वतंत्रता दिवस पर जब वे झंडा लहराने वाल थीं तो उन पर हमला किया गया व उनके कपड़े फाड़ दिए गए। मध्य प्रदेश के टीकमगढ़ जिले की हरिजन सरपंच को भी स्वतंत्रता दिवस के दिन झंडा लहराने से रोका गया व बुरी तरह अपमानित किया गया।

इन उदाहरणों से स्पष्ट है कि दो स्तरों पर भेदभाव और तिरस्कार सहने को मजबूर दलित व आदिवासी समुदायों की निर्वाचित प्रतिनिधियों को अपने कर्त्तव्य का निर्वाह करने में सबसे अधिक कठिनाइयों का सामना करना पड़ा है। तमिलनाडु में राज्य स्तर की एक गोष्ठी में जिला तिरुचि के मुरूगूर गाँव की दलित अध्यक्षा ने अपना दर्द उँड़ेलते हुए

स्वतंत्रता दिवस आयोजन

कहा, "पिछले चार वर्षों में मैंने जो समस्याएँ और अपमान झेले हैं, उनका मेरे मानसिक और शारीरिक स्वास्थ्य पर बहुत बुरा असर पड़ा है। मैं अब और सहन नहीं कर सकती हूँ।" उन्होंने कहा कि वे त्यागपत्र देना चाहती हैं। कम से कम अगला चुनाव तो वे कतई नहीं लड़ना चाहेंगी।

किन्तु दूसरी ओर ऐसे भी उदाहरण उपलब्ध हैं जहाँ तमाम प्रतिकूल परिस्थितियों के बावजूद दलित, आदिवासी या अन्य गरीब परिवारों की महिलाओं द्वारा निर्वाचित होने के बाद एक सार्थक भूमिका निभाना संभव हुआ। देवास जिले की सरपंच सज्जनबाई को अपनी ग्राम पंचायत को विशेष पुरस्कार प्राप्त होने का गौरव प्राप्त हुआ । सावलखेड़ा पंचायत की सरपंच कातिबाई की उपलब्धि तो और भी उल्लेखनीय है। वे एक विकलांग दलित महिला है जिन्होंने विकलांग व बेसहाय महिलाओं के लिए एक सिलाई केंद्र की स्थापना के साथ कई अन्य कार्य भी किए।

किंतु दूसरी ओर ऐसे भी उदाहरण उपलब्ध हैं जहाँ तमाम प्रतिकूल परिस्थितियों के बावजूद दलित, आदिवासी या अन्य गरीब परिवारों की महिलाओं द्वारा निर्वाचित होने के बाद एक सार्थक भूमिका निभाना संभव हुआ। देवास जिले की सरपंच सज्जनबाई को अपनी ग्राम पंचायत को विशेष पुरस्कार प्राप्त होने का गौरव प्राप्त हुआ। सावलखेड़ा पंचायत की सरपंच कातिबाई की उपलब्धि तो और भी उल्लेखनीय हैं। वे एक

विकलांग दलित महिला है जिन्होंने विकलांग व बेसहाय महिलाओं के लिए एक सिलाई केंद्र की स्थापना के साथ कई अन्य कार्य भी किए।

गुजरात के आनंद जिले के चंगा गाँव में 25 वर्षीय एम.ए. पास सुधा सरपंच निर्वाचित हुई। उन्हें आँखों से नजर नहीं आता है पर उनके काम को जिसने भी देखा उसने प्रशंसा की। सड़क निर्माण, पेयजल की व्यवस्था में उन्होंने अपनी एक मित्र के सहयोग से महत्त्वपूर्ण कार्य किया।

इस तरह कई महिलाएँ गरीबी, जातिगत भेदभाव, विकलांगता जैसे अवरोधों के बावजूद भी अपने क्षेत्र में सार्थक कार्य करने में सफल रही हैं। कुछ महिलाओं ने बार-बार रुकावट डालने वाले निहित स्वार्थों के विरुद्ध बहुत दृढ़ता से संघर्ष किया। अहमदाबाद जिला पंचायत की अध्यक्षा रमालीबहन के विरुद्ध जितने अविश्वास प्रस्ताव बार-बार लाए गए उतने शायद किसी के विरुद्ध नहीं लाए गए। ऐसा इस कारण हुआ क्योंकि उन्होंने शक्तिशाली स्वार्थों के निमंत्रण को स्वीकार नहीं किया व लोगों में सीधा सम्पर्क कर, पारदर्शिता से कार्य करना चाहा था। उन्होंने अपने विरोधियों का सामना दृढ़ता से किया व निलंबित होने के बाद भी न्यायालय की सहायता से अपना पद फिर प्राप्त किया।

गुजरात की ही पंडरी ग्राम पंचायत (जिला दाहोद) में सविता बहन भरत सिंह पसाया ने भी उन स्वार्थों के विरुद्ध डट कर संघर्ष किया जो उन्हें हटाने पर तुले हुए थे। जब

उन्हें व उनके परिवार को झूठे मुकदमों में उलझाने के प्रयास किए गए तो उन्होंने खुली सभा में पूरी बात स्पष्ट की व अंत में उनकी निर्दोषता प्रमाणित भी हुई।

किंतु जहाँ निर्वाचित महिला प्रतिनिधि इतनी शिक्षित व सक्षम नहीं थीं वहाँ कई बार निर्दोष होने पर भी उनके विरुद्ध अविश्वास प्रस्ताव लाकर उन्हें हटा दिया गया। राजस्थान में एक जन सुनवाई में छः जिलों की 74 महिला सरपंचों द्वारा इस बढ़ती प्रवृत्ति का विरोध किया गया। इनमें से 24 महिला सरपंचों के विरुद्ध अविश्वास प्रस्ताव लाया गया था। बाद में प्रशासन ने आश्वासन दिया कि कहाँ-कहाँ झूठे आरोपों से निहित स्वार्थों ने अविश्वास प्रस्ताव लाने का कार्य किया है, इनकी जाँच की जाएगी। तमिलनाडु में जिला कलक्टरों को पंचायत अध्यक्ष हटाने का अधिकार दिया गया था। वहाँ एक अध्ययन से पता चला कि जो 98 पंचायत अध्यक्ष कलक्टरों द्वारा हटाए गए, उनमें से 66 महिलाएँ थीं।

इन अनुभवों का सार-संक्षेप तो यही लगता है कि महिलाओं ने सार्थक भूमिका निभाने की योग्यता तो कई स्थानों पर प्रकट कर दी है, पर हमें सार्थक भूमिका को और व्यापक बनाने के लिए अभी कई अवरोध दूर करने की जरूरत है। महिलाओं में शिक्षा के तेज प्रसार की आवश्यकता तो स्पष्ट है। साथ ही साक्षरता कार्यक्रमों में व स्कूली शिक्षा में भी पंचायत राज व चुनावों संबंधी कुछ और उपयोगी व रोचक

सामग्री को पाठ्यक्रम में जोड़ना चाहिए। जो महिलाएँ चुनाव में उतर रही हैं, उनके लिए प्रशिक्षण कार्यक्रम होना चाहिए। जो निर्वाचित हो जाती हैं, उनके लिए प्रशिक्षण कार्यक्रम को और व्यापक व बेहतर बनाना चाहिए।

वर्तमान पंचायत राज व्यवस्था में कुछ सुधार सभी निर्वाचित प्रतिनिधियों के संदर्भ में चर्चित हैं, चाहे वे पुरुष हो या महिला। ये सुधार होंगे तो इनका लाभ दोनों तरह से प्रतिनिधियों को मिलेगा। इनमें मुख्य उद्देश्य यही होना चाहिए कि जो प्रतिनिधि ईमानदारी व निष्ठा से अपना कार्य करना चाहते हैं, उनकी क्षमता बढ़े व उन्हें प्रोत्साहन मिले। निर्वाचित महिला प्रतिनिधियों, विशेषकर गरीब परिवारों में आई महिला प्रतिनिधियों के बारे में विशेष बात यही कहनी है कि उनकी बार-बार उच्चाधिकारियों तक पहुँचने की कठिनाई को देखते हुए, उनकी यात्राएँ करने की सीमित क्षमता को देखते हुए व हमारे ग्रामीण समाज में उनके लिए जो विशेष कठिनाइयाँ उपस्थित कर दी जाती हैं उन्हें ध्यान में रखते हुए उनकी शिकायतों पर तुरंत उचित कार्यवाही करने की व्यवस्था होनी चाहिए।

अजमेर जिले में महिला जन अधिकार समिति द्वारा किए गए एक अध्ययन से यह बात सामने आई कि जिन गाँवों में सर्वेक्षण हुआ, वहाँ पचास प्रतिशत से अधिक महिला सरपंचों के साथ - पंचायत सेक्रेटरी (सरकारी प्रतिनिधि) ने सहयोग

नहीं किया। आधे से अधिक उप सरपंचों ने भी महिला सरपंचों से सहयोग नहीं किया। पुलिस ने महिला सरपंचों द्वारा दर्ज कराए गए अधिकांश केसों पर समुचित कार्यवाही नहीं की। इस स्थिति को बदलना पड़ेगा और महिला सरपंचों व अन्य निर्वाचित प्रतिनिधियों को सरकारी अधिकारियों का सहयोग : उपलब्ध करवाना पड़ेगा, उनकी शिकायतों पर तुरंत जाँच कार्यवाही सुनिश्चित करनी होगी।

भारतीय गाँवों के विकास और लोकतांत्रिक प्रक्रिया में महिलाओं का आगे आना कई कारणों से बहुत सार्थक है। प्रायः यह देखा गया है कि पुरुष उन विकास कार्यक्रमों को अधिक पसंद करते हैं जिनमें कैश या रुपए के रूप में धन अर्जन की संभावना अधिक होती है, जबकि महिलाएँ खाद्य सुरक्षा, बच्चों के बेहतर पालन-पोषण, साफ पेयजल आदि पर अधिक ध्यान देती हैं। कई बार तुरंत कुछ अधिक रुपया पाने की जल्दी में पुरुष ऐसे निर्णय कर लेते हैं जो खाद्य सुरक्षा व स्वास्थ्य की दृष्टि से हानिकारक होते हैं। उदाहरण के लिए फसल चक्र में ऐसे बदलाव लाना जिसमें बिक्री के कुछ अधिक पैसे मिल जाएँ पर परिवार को पौष्टिक तत्त्व देने के लिए जो परम्परागत फसलें जरूरी हैं वे चाहे छूट जाएँ। उम्मीद है कि महिलाए विकास कार्यों में अधिक सक्रिय होंगी तो पुरुषों द्वारा उपेक्षित किए जाने या कम ध्यान दिए जाने वाले कुछ मुद्दों पर कुछ अधिक ध्यान दिया जा सकेगा।

इस बात में भी दम है कि महिलाओं के दर्द को सबसे अच्छी तरह महिलाएँ ही समझ सकती हैं। यह सच है कि पुरुष प्रधान समाज में कई बार फिजूलखर्ची की गई पर लड़कियों के विद्यालयों महिलाओं के लिए जन सुविधाओं व प्रसूति गृहों पर जरूरी खर्च की अवहेलना की गई। स्वास्थ्य व शिक्षा अभियानों में कई बार महिलाओं की जरूरतों पर ध्यान नहीं दिया गया। मजदूरी में बराबर मेहनत करने पर भी महिला मजदूरों को प्राय: कम मजदूरी दी गई। महिलाओं पर बार-बार अत्याचार होने के बावजूद इसकी रोकथाम व दोषी को दंडित करने की व्यवस्था नहीं की गई। दहेज की बढ़ती समस्या को प्राथमिकता नहीं दी गई। शराब को दूर-दूर के गाँवों में फैलने दिया गया चाहे इसमें महिलाओं की समस्याएँ कितनी ही बढ़ती हों। उम्मीद है कि महिलाओं के पंचायती राज में आगे आने से वर्तमान विकास की ऐसी कई विसंगतियों और विकृतियों को दूर किया जा सकेगा।

वीना सजवाण टिहरी गढ़वाल जिले (उत्तरांचल) में भिलंगना क्षेत्र की ब्लॉक प्रमुख हैं। मात्र 23 वर्ष की अल्पायु में वे एक ऐसे क्षेत्र की ब्लॉक प्रमुख बन गई थीं जहाँ कि गाँव बहुत दूर-दूर हिमालय की ऊँचाइयों पर बिखरे हुए उन्हें अपने जरूरी कार्यों के लिए यात्रा करने का भत्ता तक नहीं मिलता था। इसके बावजूद उन्होंने इस कठिन जिम्मेदारी को निभाया और अपने क्षेत्र की बहुत-सी महिलाओं से नजदीकी

संबंध बनाए। विशेषकर महिलाओं की शराब विरोधी भावना को आगे बढ़ाने का प्रयास किया। मुख्यमंत्री से मिलने पर वीना ने उन्हें भी शराब बंदी के अपने वायदे की याद दिलाई। वीना का कहना है कि वे निरंतर अपने क्षेत्र की महिलाओं को संगठित होने को कहती हैं क्योंकि संगठित होकर ही वे अपने हक प्राप्त कर सकती हैं। वीना को यह तो नहीं पता कि वे अगले चुनाव में फिर जीतेंगी या चुनाव लड़ेंगी भी कि नहीं, पर महिलाओं के इस संगठित प्रयास से वे सदा जुड़ी रहना चाहती हैं। इसी तरह की निरंतरता से कार्य करने की भावना महिला प्रतिनिधियों में आए तो चाहे अगला चुनाव वे जीते या कोई और; महिला सशक्तिकरण का कार्य आगे बढ़ता रहेगा।

बच्चों का स्वास्थ्य व ग्राम पंचायत

जब हम पंचायती राज द्वारा गाँव की जिन्दगी बदलने की बात करते हैं, तो सबसे पहले हमारा ध्यान बच्चों के भविष्य को संवारने की तरफ जाता है। बच्चों को उचित बचपन दिये बिना हम बड़ो के जीवन की बात सोच भी नहीं सकते। हम अपने व्यक्तिगत जीवन में मेहनत दौड़-भाग बच्चों का भविष्य संवारने के लिए ही तो करते हैं। हमें अब यही बात पंचायतों के पंच, सरंपच या अध्यक्ष के रूप में सार्वजनिक जीवन में उतारनी है। अर्थात हमें गाँव के सभी बच्चों का ध्यान करना है।

आज के बच्चे कल के नागरिक हैं, जिन्हें गाँव, जिला, राज्य व देश विदेश विकास के लिए अनेक कार्य करने हैं। अगर बच्चे स्वस्थ होंगे तभी तो वे गाँव, जिला, राज्य व देश - विदेश को उचित मार्ग-दर्शन दे सकते हैं।

केन्द्र व राज्य सरकार ने बच्चों के स्वास्थ्य के बारे में प्राथमिक स्वास्थ्य सेवा, पोषण, शिक्षा, साक्षरता व ग्रामीण पर्यावरण से सम्बन्धित अनेक कार्यक्रम चला रखे हैं। इन कार्यक्रमों में करोड़ों रुपयों की पूंजी लगी है लेकिन समस्याएं वही की वही हैं क्योंकि कार्यक्रम जमीन पर कम कागजों में

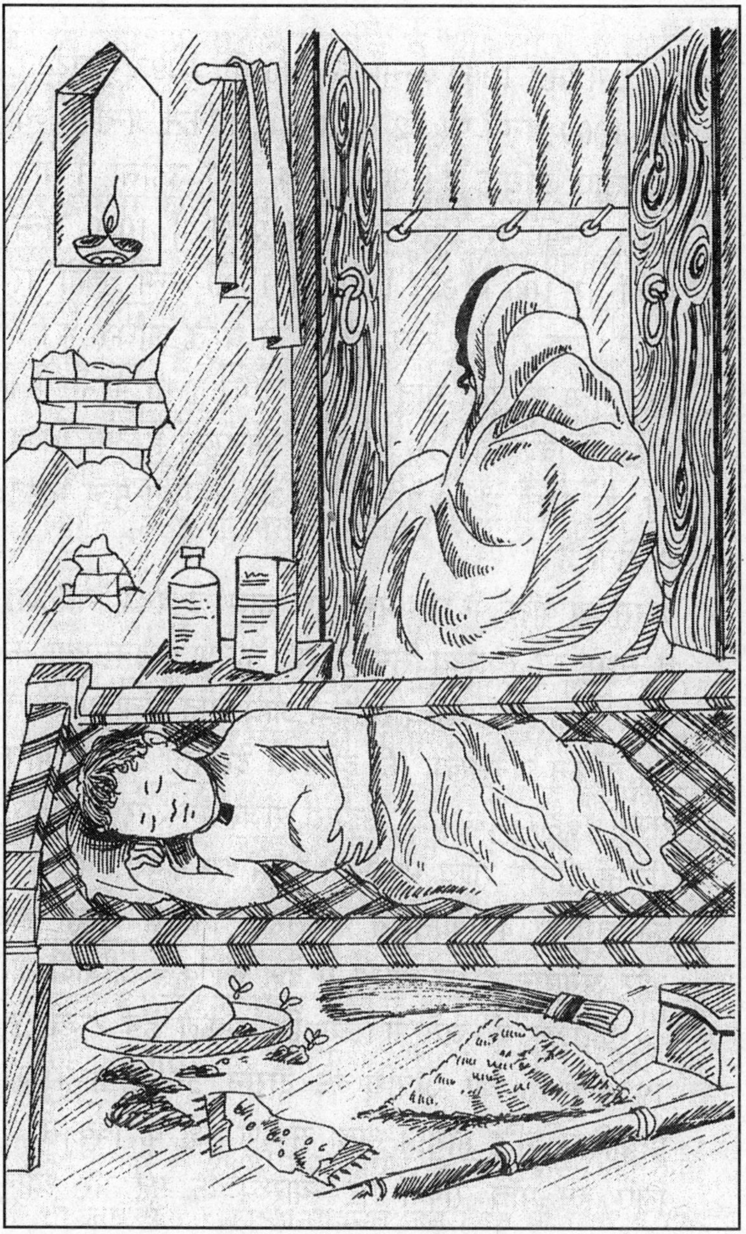

बच्चों के स्वास्थ्य की समस्या

ज्यादा लागू हुये हैं। कार्यक्रमों के प्रभावहीन होने का एक मुख्य कारण जमीनी स्तर पर महिलाओं, वंचित वर्गों व अन्ततः

ग्रामीण जनों की भागीदारी बच्चों के स्वास्थ्य में नहीं थी। लेकिन 73वें संविधान संशोधन के अनुच्छेद 243 छ के अनुसार पंचायतें अपने स्तर पर आर्थिक विकास व सामाजिक न्याय क योजनायें बनायेंगी व उन्हें लागू करेंगी। ऐसा करते समय वे परिवार कल्याण, समाज कल्याण व महिला और बाल विकास को भी ध्यान में रखेंगी। दूसरे शब्दों में आर्थिक विकास व समाज जब न्याय की योजना में बच्चों व उनकी मांओं को स्वस्थ रखने की बातें भी योजना का हिस्सा होगी। पंचायतें कैसे बच्चों के स्वास्थ्य को सुरक्षित करने में क्या भूमिका निभा सकती है एक नजर बच्चे के स्वास्थ्य की स्थिति पर डाल ली जाये।

बच्चों के स्वास्थ्य की समस्या :

अनुमान है कि लगभग 7 प्रतिशत नवजात शिशुओं की एक वर्ष के अन्दर मृत्यु हो जाती है। माता का स्वास्थ्य कमजोर होने से बच्चों का जन्म के समय कम वजन होता है और वे समय से पहले जन्म ले लेते हैं। शैशवावस्था और बाल्यावस्था में होने वाले मुख्यतः निम्न रोग सबसे अधिक होते हैं।

- अतिसार रोग (दस्त)
- तीव्र श्वसनी संक्रमणरोग

- कुपोषण
- इसके अतिरिक्त भारत में सामान्यत: 0-14 आयु वर्ग में होने वाली बालिका मौतों की संख्या अन्य किसी भी देश की तुलना में अधिक है। हालांकि शिशु मृत्यु दर, जो 1951 में प्रति 1000 जन्मों पर 146 थी, 1997 में घटकर प्रति 1000 जन्मों पर 72 रह गयी है, लेकिन अन्तर - राज्य भिन्नताएं अधिक हैं। उदाहरण के लिए उड़ीसा में प्रति 1000 जन्मों पर 120 है। उत्तर प्रदेश में 1000 जन्मे बच्चों पर 100 है और बिहार में 1000 जन्मे बच्चों पर 89 है। यह राष्ट्रीय स्तर की दर से बहुत अधिक है।
- शिशु मृत्यु के साथ मातृ मत्यु की समस्या भी गम्भीर है। भारत में विश्व की 16 प्रतिशत जनसंख्या है और विश्व की मातृ मौतों में 20 प्रतिशत से अधिक मातृ- मृत्यु भारत में होती है।
- जनसंख्या वृद्धि भी एक महत्वपूर्ण कारण है बच्चों, माताओं व सभी की स्वास्थ्य समस्या का कारण। जनसंख्या के बढ़ने के कारण उपलब्ध स्वास्थ्य आधारभूत ढाँचा अपर्याप्त है लेकिन जनसंख्या की दृष्टि से देखें तो देश के पाँच राज्यों, बिहार, मध्यप्रदेश, उड़ीसा, राजस्थान और उत्तरप्रदेश (जिन्हें बीमारू राज्य भी कहते हैं) में इस समय हमारे देश की लगभग 44 प्रतिशत जनसंख्या निवास करती है और अनुमान है कि 2016 में देश की

कुल आबादी का 48 प्रतिशत हो जाएगी या कि अकेले इन राज्यों से 1996-2016 की अवधि के दौरान 55 प्रतिशत की प्रत्याशित वृद्धि होगी। अतः सम्पूर्ण देश के विकास के लिए इन पाँच राज्यों पर स्वास्थ्य के मुद्दे पर ध्यान केन्द्रित करने की जरूरत है।

स्वास्थ्य का आधारभूत ढाँचे व प्रशिक्षित जनशक्ति की स्थिति :

भारत सरकार की राष्ट्रीय जनसंख्या नीति (2000) के अनुसार स्वास्थ्य का आधार-भूत ढाँचा अपर्याप्त है अपर्याप्तता के कुछ उदाहरण निम्न हैं।

- वर्ष 1991 में 7683 उप-केन्द्रों की कमी थी जो वर्ष 2002 की अनुमानित जनसंख्या के लिए 23190 उपकेन्द्रों की कमी हो जाएगी। एक उप केन्द्र में 50,000 की आवर्ती लागत (यानी रोजमर्रा के खर्चे) व 3 लाख पूँजीगत लागत लगती है।
- वर्ष 1991 में 1513 प्राथमिक स्वास्थ्य केन्द्रों की कमी थी, अब 2002 में अनुमानित जनसंख्या के लिए 4,212 प्राथमिक स्वास्थ्य केन्द्रों की अतिरिक्त जरूरत का अनुमान लगाया गया है। एक प्राथमिक स्वास्थ्य केन्द्र की पूँजीगत लागत 24.50 लाख रुपए तथा 13 लाख रुपए की आवर्ती लागत आती है। यह व्यय बुनियादी

न्यूनतम सेवा कार्यक्रम के अन्तर्गत राज्य सरकारों द्वारा वहन किया जाता है। लेकिन राज्य सरकारें अपनी वित्तीय स्थिति के कारण स्वास्थ्य के बुनियादी ढाँचे में ये निवेश नहीं कर पाते।

- वर्ष 1991 में 2899 सामुदायिक स्वास्थ्य केन्द्रों की कमी थी, वर्ष 2000 की अनुमानित जनसंख्या के लिए 3,776 सामुदायिक स्वास्थ्य केन्द्रों की आवश्यकता का अनुमान है। सामुदायिक स्वास्थ्य केन्द्र अधिकतर प्रथम रेफरल यूनिट के रूप में कार्य करते हैं और परिवार नियोजन सेवाओं के लिए आपरेशन थिएटरों के रूप में सेवाएँ प्रदान करने के अतिरिक्त ये मातृ-मृत्यु दर और शिशु मृत्यु दर में कमी लाने के लिए भी महत्वपूर्ण हैं। एक सामुदायिक स्वास्थ्य केन्द्र की पूँजीगत लागत 80.50 लाख रुपए और आवर्ती लागत 27 लाख रुपए है। यह लागत भी इस समय बुनियादी न्यूनतम सेवाओं के अन्तर्गत राज्य सरकारों द्वारा वहन की जाती है।
- इस समय 27,501 सहायक नर्स (ए.एन.एम) 64,860 पुरुष बहुकर्मी कार्य सहायकों कर्ताओं, 4, 224 लैडी हैल्थ विजिटरों 5,126 स्वास्थ्य (पुरुष) तथा प्राथमिक स्वास्थ्य केन्द्रों में 24,75 चिकित्सा अधिकारियों, 1,429 सर्जनों, 1446 स्त्री रोग विज्ञानियों, 1,525 फिजीशियनों, 1,774 बाल चिकित्सकों की कमी का अनुमान लगाया है।

बच्चे के जन्म से पहले की तैयारी

- ग्रामीण प्राथमिक स्वास्थ्य परिचर्या प्रदाय प्रणाली में 1,171 रेडियो ग्राफरों, 6,045 फार्मा सिरटों, 12,793 प्रयोगशाला तकनीशियनों और 18,851 नर्स मिडवाइफों की कमी है।

प्रशिक्षित जनशक्ति को पूरा करने के लिए लगभग 2,300 करोड़ रुपए की आवश्यकता होगी। ऐसा जनसंख्या नीति में कहा गया है।

उपरोक्त तथ्यों के आधार पर दिखाता है कि स्वास्थ्य समस्या कितनी गम्भीर है। राज्य सरकार को न्यूनतम बुनियादी सेवा कार्यक्रम में अन्तर्गत इनको पूरा करना है। लेकिन अधिकतर राज्यों की आर्थिक स्थिति पहले तो चरमराई हुई है। ऐसी स्थिति में ग्राम स्तर पर बच्चों की स्वास्थ्य समस्याओं को पंचायतों को ही सुलझाना है।

बच्चे के जन्म से पहले की तैयारी :

कहावत है इलाज से बेहतर बीमारी की रोकथाम है। आप ग्राम के प्रधान वार्ड सदस्य, पंचायत व जिला पंचायत के सदस्य व अध्यक्ष हैं। आप अपने स्तर पर बच्चे के जन्म से पहले अर्थात आने वाले मेहमान के स्वागत का उचित प्रबन्ध गाँव के सभी परिवारों के सहयोग से कर सकते है। इस कार्य के लिए बच्चों की बीमारी की रोकथाम के लिए निम्न पाँच नुस्खों को अमल में लाएँ।

- ग्राम पंचायत की महिला सदस्यों को चाहिए कि वे अपने वार्ड व अन्य में देखें कि वहाँ पर कितनी महिलाओं के पैर भारी है, क्योंकि औरत के गर्भवती होने का पता चलना ही आने वाले बच्चे की सेहत की सीढ़ी का पहला डण्डा है।
- पाँव भारी महिलाओं के नाम आँगनवाड़ी में या नर्स (ए. एन.एम.) या स्वास्थ्य कार्यकर्ता के पास दर्ज कराएं क्योंकि नाम दर्ज होने के बाद ही नर्स को पता चलेगा कि गाँव में कितनी गर्भवती महिलाएँ हैं। यदि उसको गर्भवती स्त्री के बारे में कुछ पता नहीं होगा तो वह उसके कुछ महीने के अन्तराल से टिटनेस के दो टीके नहीं लगा पाएगी।
- जानकारी प्राप्त होने के बाद नर्स उसके नाम का कार्ड बनाएगी जिसमें माँ व बच्चे दोनों की जाँच की जानकारी होगी। गर्भवती महिला को 100 आयरन की गोलियाँ दी जाएंगी। हर गर्भवती महिला को आयरन की 100 गोलियाँ मिलना व उसका खाना जरूरी है। आयरन की गोली से खून की कमी दूर होती है। वार्ड सदस्य यह ध्यान रखे कि क्या सभी गर्भवती महिलाओं ने आयरन की 100 गोलियाँ खाई हैं या नहीं।
- गर्भवती महिला की खुराक भी महत्वपूर्ण है। गर्भावस्था में उसे पहले से सवा गुना भोजन करना चाहिए। खाना भी पौष्टिक व स्वादिष्ट होना चाहिए। गर्भवती महिला

को दूध, दही, घी व तेल फल व हरी सब्जियों का सेवन करना चाहिए। गर्भवती महिलाओं को अधिक कार्य, बोझा उनसे बचाव करना चाहिए। अगर गर्भवती महिला दिन में दो घंटे आराम से सो सके तो उसकी आनेवाले बच्चे की सेहत के लिए बेहतर होगा।

- डिलीवरी के लिए अगर जरूरत पड़े तो अस्पताल या प्राथमिक स्वास्थ्य केन्द्र तक पहुँचने का प्रबन्ध होना चाहिए। जिस परिवार में बच्चा होने वाला है अगर उसके यहाँ टैक्टर ट्राली है तो वह तो अस्पताल ले जा सकता है। लेकिन यदि बच्चा पैदा होने वाले परिवार में रहने का साधन नहीं है तो पंच, या प्रधान को उसकी व्यवस्था करनी चाहिए। अस्पताल में खून चढ़ाने का प्रबन्ध भी होना चाहिए क्योंकि यदि डिलीवरी के समय खून की जरूरत पड़ती है और खून चढ़ाने की सुविधा न हो तो इससे महिला की मृत्यु हो सकती है।
- गाँव में अधिकतर बच्चे घरों में ही पैदा होते हैं। पंचायत सदस्यों को यह जिम्मेदारी लेनी चहिए कि डिलिवरी उसी दाई के हाथों हो जो इस बारे में प्रशिक्षण ले चुकी है। महिला पंचायत प्रतिनिधि को गाँव की दाईयों को प्रशिक्षित कराना चाहिए या समय-समय पर उन्हें "रिफ्रेशर" कोर्स भी दिलाते रहना चाहिए ताकि वे नई-नई जानकारियों से परिचित होकर बच्चों व महिलाओं के स्वास्थ्य का ध्यान अच्छी तरह रख सकें।

माँ व बच्चे के स्वास्थ्य के पाँच मन्त्र :

माँ व बच्चे की जान टिटनेस से बचाने के लिए डिलीवरी के समय स्वच्छता के निम्न पाँच मन्त्रों को ध्यान में रखें।

- **साफ जगह :** डिलिवरी वाला कमरा साफ-सुथरा हवादार और रोशनी वाला हो। चारपाई, या पलंग जिस पर डिलिवरी होनी है साफ धुली चादर बिछा दे।
- **साफ हाथ :** डिलिवरी कराने वाली दाई के हाथ साबुन से धुले हों, उसके हाथों व उंगलियों में चूड़ी व अंगूठी नहीं होनी चाहिए।
- **साफ धागा :** नाल बाँधने का धागा साफ व उबला होना चाहिए।
- **साफ ब्लेड :** नाल काटने के लिए ब्लेड साफ-सुथरा व उबला हुआ होना चाहिए।
- **साफ नाल :** काटने के बाद नाल को साफ छोड़ दिया जाये। उस पर कोई भी द्रव्य या वस्तु जैसे घी, तेल, हल्दी, गोबर या दवाई नहीं लगानी चाहिए।
- **टीकाकरण :** गर्भवती एवं गर्भ में पल रहे बच्चे को टिटनेस की बीमारी से बचाने के लिए गर्भावस्था में दो टीके लगवाना आवश्यक है :

  टीकारण सारणी (गर्भवती के लिए)

  कब टीका

गर्भावस्था के प्रारम्भ में टी टी-1 बीमारी जिससे बचने के लिए टीका लगाया जाता है।

प्रथम टीके के एक माह बाद टी टी-2 लगाया जाता है।

ग्राम पंचायतों को चाहिए कि वे स्वास्थ्यकर्मियों से बातचीत करके गाँव वालों की सुविधा अनुसार एक स्थान तय कर ले जहाँ पर हर महीने निश्चित तिथि पर दोनों पक्ष मिल सकें ताकि बच्चों के स्वास्थ्य के लिए बुनियादी बातों पर बातचीत हो सके। ग्राम सभा की बैठक में स्वास्थ्यकर्मियों को बुलाकर बच्चों व महिलाओं के स्वास्थ्य के बारे में चर्चा की जा सकती है। ग्राम पंचायत इस कार्य को स्वास्थ्य व कल्याण समिति को सौंप दे।

बच्चे के जन्म लेने के बाद की तैयारी :

आइए अब मेहमान के आने के बाद की तैयारी के लिए निम्न कार्य करें।

1. कुपोषण से छुटकारा : गाँव में भरपूर दूध, दही, साग-सब्जी होने के बावजूद भी बच्चों के मुरझाए चेहरे, कमजोर शरीर देखने को मिलते हैं। इसका मुख्य कारण है कुपोषण। कुपोषण का मुख्य कारण माताओं को बच्चों की सुरक्षा के बारे में ज्ञान न होना है। अच्छे पोषण से जहाँ बच्चे की सही बुद्धि व विकास होता है वहीं दूसरी ओर बड़ा होने पर उसमें बीमारियों से रक्षा करने की प्रतिरोधक शक्ति

बच्चे के जन्म के बाद की तैयारी

की क्षमता भी बढ़ती है। साथ ही कुपोषण तथा रतौंधी जैसी बीमारियाँ भी नहीं होती।

हमारे देश में बच्चों के कुपोषण के निम्न कारण हैं—

- जन्म के समय कम वजन, पेट में कीड़े
- बोतल से दूध पिलाना

बच्चे के 4-6 माह की उम्र के उपरान्त अर्ध ठोस मिश्रित भोजन न देना। माताओं के कुपोषण के निम्न कारण हैं-

- माँ का थका बीमार व कुपोषित रहना बार-बार गर्भवती होना
- पर्याप्त एवं सन्तुलन भोजन न मिलना आहार के बारे में गलत भ्रान्तियाँ हो
- आइए देखते हैं कि ग्राम पंचायतें अपने स्तर पर इसका कैसे समाधान कर सकती हैं।
- पंचायतों को दो साल तक की उम्र के बच्चों की सेहत के लिए विशेष ध्यान देने की जरूरत है। कुपोषण की बीमारी से बचाने के लिए बच्चों को 6 महीने की उम्र के बाद माँ का दूध देने के अलावा, ऊपरी चीजें जैसे, दाल, केला, चावल आदि भी दी जाये। गाँव में कुपोषण के शिकार बच्चे चीजों की कमी के कारण नहीं बल्कि अज्ञानता के कारण होते हैं। दरअसल माओं को यह जानकारी नहीं होती कि छोटे बच्चों को दूध पिलाने के साथ दिन में चार या पाँच बार थोड़ा-थोड़ा आहार देने की जरूरत होती है। लोगों को शायद मालूम नहीं है कि बच्चों के अन्धेपन

की समस्या बच्चे को प्रतिदिन एक चम्मच साग या अन्य हरी सब्जी खिलाकर दूर किया जा सकता है।

- बच्चों को मौसमी फल, केला, पपीता, आम, आम, जामुन जैसे फल देते रहने चाहिए। हरी पत्तेदार सब्जियाँ देने से शरीर में कई जरूरी तत्वों की कमी नहीं हो पाती।
- बच्चे को ऊपर का दूध, घुट्टी, शहद आदि न दें, क्योंकि इनके देने से बच्चों को बीमारियाँ हो सकती हैं। उनको माँ के दूध के गुणों के बारे में बताएँ। माँ का शुरू में निकलने वाला दूध बच्चों को बीमारियों से बचाता है।
- लड़की की शादी 18 साल की उम्र से पहले न हो। नए जोड़े की मुलाकात स्वास्थ्य कार्यकर्ता या नर्स से कराएँ ताकि वह उन्हें परिवार नियोजन के साधनों के बारे में बता सके।
- लड़की के लिए माँ बनने की सही उम्र 21 साल है। अत: लड़की माँ 21 वर्ष से पहले न बनें, इसके लिए गाँव की युवतियों को भी जानकारी देने की जरूरत है।

2. टीकाकरण : शिशुओं और बच्चों में छः जानलेवा बीमारियाँ होती हैं जिनसे टीके लगाकर आसानी से बच्चों को बचाया जा सकता है। टीके शरीर में रोग के विरुद्ध प्रतिरक्षण शक्ति पैदा करने में सहायक होते है। आम तौर पर बच्चों को क्षयरोग, गलघोंटू, काली खाँसी, टेटनस, पोलियो खसरा से बचने के लिए टीके लगाए जाते हैं। बच्चों के लिए टीका सारणी निम्न है जिसके अनुसार बच्चों को टीका लगाने चाहिए।

कब टीका बिमारी जिससे बचने के लिए टीका लगाया जाता है

जन्म के तुरन्त	बी.सी.जी. टी.बी (तपेदिक)	
बाद से	12 माह तक	
1½ माह तक	डी.पी.टी. 1 का टीका	गलघोंटू, काली खाँसी, टेटनस
	ओरल पोलियो का वैक्सीन 1	पोलियो
2½ माह	डी.पी.टी. 2 का टीका	गलघोंटू, काली खाँसी, टेटनस
	ओरल पोलियो का वैक्सीन 2	पोलियो
3½ माह	डी.पी.टी. 3 का टीका	गलघोंटू, काली खाँसी, टेटनस
	ओरल पोलियो का वैक्सीन 3	पोलियो
9-12 माह	29 से 21 का टीका	खसरा
16-18 माह	डी.पी.टी. बूरटर का टीका	गलघोंटू, काली खाँसी, टेटनस
	ओरल पोलियो का वैक्सीन बूस्टर	पोलियो
5-6 वर्ष	डी.टी.	गलघोंटू टेटनस
10-16 वर्ष	टी. टी.	टेटनस

पर्यावरण के बारे में

3. दस्त (अतिसार) : एक दिन में 3 या इससे अधिक बार पतला पखाना होना दस्त या अतिसार है। यह रोग पानी व दूषित खाने से होता है। भारत में प्रतिवर्ष 5 वर्ष से कम उम्र के लगभग 15 लाख बच्चे दस्त से उत्पन्न होने वाले जल की कमी के कारण मरते हैं। दस्तों के दौरान बच्चे को बहुत सारा पेय पिलाना आवश्यक है। दस्त में निर्जलन से बचने के लिए नीचे लिखी बातों को अमल में लाएँ।

मौखिक पुनर्जलीकरण घोल (ओ. आर.एस) पिलाएँ। दस्त लगने पर घर में बने तरल पदार्थ जैसे चावल का पानी (माड़) या काँजी छाछ (दही) हल्की चाय, नींबू पानी या नारियल का पानी पिलाया जा सकता है।

दस्त के समय माँ का दूध पिलाते रहें, क्योंकि यह अच्छा भोजन है और शरीर में पानी की कमी से बचाता है दस्त के समय बच्चे को भोजन की आवश्यकता होती है इसलिए थोड़े-थोड़े समय पर हल्का भोजन देते रहे। जैसे खिचड़ी, मसला हुआ केला, दही, चावल, दलिया आदि। बच्चों को बीमारी से कुछ हद तक बचाया जा सकता है यदि—

(i) खसरे का टीका समय से लगवाया जाये।

(ii) ज्यादा से ज्यादा माँ का दूध पिलाया जाये।

(iii) खाना और पानी साफ रखा जाये।

(iv) खाना छूने और खाने से पहले हाथों को अच्छी तरह से धोया जाये।

4. आयोडीन युक्त नमक का सेवन : कितने कम लोगों को मालूम है कि बच्चों के अन्दर मानसिक अपंगता का मुख्य कारण आहार में आयोडिन की कमी है। दरअसल हर रोज प्रत्येक व्यक्ति को सुई के नोक के बराबर आयोडीन की जरूरत है। आयोडीन न मिलने के कारण गर्भवती महिला के बच्चे गिरने का डर रहता है। आयोडिन की कमी के कारण होने वाली ज्यादातर बीमारियों का इलाज भी नहीं हो पाता। अतः महिलाएँ ग्राम में यह सुनिश्चित करें कि सभी आयोडिन युक्त नमक का ही इस्तेमाल करें। अच्छा तो रहेगा की गाँव में आयोडीन रहित नमक बिकने ही न दें।

5. पर्यावरण स्वच्छता : बच्चों को बार-बार बीमारियाँ पैदा होने के महत्वपूर्ण पर्यावरण सम्बन्धी कारण कचरा, मानव मल, पशुओं का मल-मूत्र, गड्ढों में भरा पानी है। गाँवों की गन्दी गलियों, नल के पास रुके पानी में सैकड़ों की कतार में मक्खी व मच्छर पनपते देखे जाते हैं। वे अनेक बीमारी फैलाते हैं। इसके अतिरिक्त स्वयं के गन्दे हाथ, प्रदूषित पीने का पानी शरीर में अनेक रोग पैदा करता है। क्या आपको मालूम है कि लगभग 80 प्रतिशत बीमारियों का कारण साफ पीने के पानी व उचित स्वच्छता का अभाव है।

वातावरण स्वच्छता के अन्तर्गत आपको (1) अपनी सफाई (2) आपके घर की सफाई (3) घर के आस-पास की सफाई पर ध्यान देना है।

पंचायतें कैसे बच्चों के स्वास्थ्य को सुनिश्चित करें : अभी तक आप समझ गए होंगे कि बच्चों के स्वास्थ्य की क्या समस्या है। बच्चे के पैदा होने से पहले व पैदा होने के बाद क्या-क्या बीमारियाँ बच्चों को हो सकती है। आइए देखते हैं कि पंचायतें इन बीमारियों को कैसे दूर कर सकती हैं। गाँव पंचायत स्तर पर गाँव के विकास के लिए विभिन्न कार्यों को भली-भाँति करने के लिए समितियाँ बनाने का प्रावधान है। उनमें से एक समिति जो स्वास्थ्य संबंधी कार्य देखेगी। बच्चों महिलाओं के स्वास्थ्य के कार्य इस समिति को सौंपे जा सकते हैं। उदाहरण के लिए उत्तर प्रदेश में ग्राम स्तर पर स्वास्थ्य एवं कल्याण समिति गठित करने का प्रावधान है। इस समिति का कार्य अन्य कार्यों के अलावा चिकित्सा, स्वास्थ्य, परिवार कल्याण सम्बन्धी कार्य व महिला एवं बाल कल्याण की योजनाओं के संचालन का कार्य करना भी है। अतः बच्चों के स्वास्थ्य का कार्य इस समिति को दे देना चाहिए।

बच्चों व महिलाओं के बारे में जानकारी देना व गाँव के वातावरण को साफ सुथरा बनाने के लिए लोगों की भागीदारी सुनिश्चित करने का सबसे अच्छा तरीका ग्राम सभा की बैठक है। गाँव में बैठक की सूचना देते समय यह भी ऐलान कराएं कि प्राथमिक स्वास्थ्य केन्द्र से डाक्टर व नर्स आ रहे हैं जो बच्चों व महिलाओं को कैसे बीमारियों से दूर रखें इसके बारे में बताएँगे।

अतः बच्चों को बीमारियों से बचने के लिए, बच्चों का उचित आहार देने के लिए वातावरण को साफ-सुथरा रखने के लिए ग्राम पंचायतें स्वयं अपने आप से पूछे कि क्या निम्न बातें ग्राम पंचायत के विभिन्न भागों में (यदि ग्राम पंचायत में एक से अधिक गाँव हैं) हो रही है या नहीं।

स्वास्थ्य के बारे में :

- ग्राम पंचायत स्तर पर स्वास्थ्य एवं कल्याण समिति का गठन किया गया है, जो स्वास्थ्य के मुद्दो को देख सके? अगर नहीं है तो ग्रामपंचायत को बिना देरी के इसका गठन कर देना चाहिए क्योंकि अकेला प्रधान सभी कार्य नहीं कर सकता। यह समिति ग्राम पंचायत की बैठक में जानकारी दे कि स्वास्थ्य संबंधी सुविधाओं की क्या स्थिति है ताकि स्वास्थ्य सुधार की ओर कदम उठाया जा सके।
- क्या स्वास्थ्य कर्मी क्या हर महीने निश्चित समय पर गाँव में आता है?
- क्या विभिन्न आयु के बच्चों को विभिन्न प्रकार के टीके लग गए हैं?
- क्या ओ.आर.एस. (अर्थात चीनी व नमक का घोल) का पाउडर गाँव में उपलब्ध है?
- क्या गाँव वालों को जानकारी है कि आपातकाल में या प्रसव के समय चिकित्सा सुविधा के लिए सबसे पास में अस्पताल कहाँ है?

- क्या ग्राम सभा या ग्राम पंचायत की बैठक में क्या यह निर्णय लिया गया है कि अगर उपकेन्द्र में जरूरी दवाई नहीं है तो ग्राम पंचायत स्वयं दवाईयाँ खरीद कर उपलब्ध करा सके?
- क्या दवाखानों व अस्पतालों पर ग्राम पंचायत बराबर निगाह रख रही है?
- क्या स्वास्थ्य जागरूकता और चिकित्सा शिविरों का आयोजन किया है?
- क्या प्राथमिक स्वास्थ्य केन्द्रों, मातृ केन्द्रों दवाई की दुकानों और दवाओं की देख-रेख हो रही है?
- क्या सभी गर्भवती महिलाओं व बच्चों को डिप्थीरिया, काली खाँसी और टिटनेस से बचाव के टीके लग चुके हैं।
- क्या दाइयों और नर्सों को प्रशिक्षण व पुनः प्रशिक्षण जारी है।

पोषण के बारे में :

- क्या गाँव में आँगनवाड़ी है?
- क्या आँगनबाड़ी के पास पानी और शौचालय उपलब्ध है? क्या बच्चों के खेलने की साफ-सुथरी पर्याप्त जगह है?
- क्या सभी माँएँ 6 महीने के अधिक आयु के बच्चों को स्वयं का दूध पिलाने के साथ-साथ कुछ अन्य अल्प आहार दे रही है या नहीं।

- क्या गाँव की लड़कियाँ आपस में मिलकर अपने स्वास्थ्य के बारे में चर्चा कर सकती है?
- क्या बच्चों को बोतल का दूध पिलाया जा रहा है?
- क्या गाँव की दुकानों में आयोडिन-युक्त नमक उपलब्ध है ताकि बच्चों को मानसिक रूप से तन्दुरुस्त रखा जा सके। और नमक हाट से हफ्तावार खरीदा जाता है तो क्या वह आयोडिन-युक्त है?
- क्या बच्चों का विकास कार्ड बना हुआ है जिसमें उसका हर माह का वजन दर्ज हो ताकि यह पता चल सके कि उसके शारीरिक विकास में क्या बदलाव आए हैं?
- क्या स्वास्थ्य समिति की बैठक में कुपोषण के शिकार बच्चों के माता-पिता को बुलाकर बातचीत की गई है कि कैसे बच्चों के कुपोषण का निदान किया जाये। क्या कुपोषण के शिकार बच्चों के माता-पिता की आर्थिक स्थिति दुर्बल है, क्या वे परिवार गरीबी रेखा से नीचे रह रहे है? अगर ऐसा है तो ग्राम पंचायत उनकी मासिक आय को बढ़ाने के लिए क्या प्रयास कर सकती है। क्या पैदा होते समय सभी बच्चों को माँ का दूध पिलाया जा रहा है?
- क्या गाँव में ऐसा कोई दबाव ग्रुप बनाया है जो गाँव में बोतल के दूध के कुप्रभाव के लोगों को बताकर, इसे रोकने का प्रयास करे?
- देखने में आया है कि बच्चे हरी शाक-सब्जी व दूध पानी की जगह, नमकीन तली चीजें व चाय पीते है जो उनकी

सेहत के लिए हानिकारक है। अतः क्या गाँव में बच्चे प्रतिदिन हरी साग सब्जियाँ व दूध पी रहे हैं?

- क्या गाँव में चाय, काफी या दूध की दुकानों को लाइसेंस दिया हुआ है?
- क्या खाने में मिलावट के खिलाफ अभियान चलाया है ताकि लोगों में जागरूकता पैदा है?
- क्या मादक पदार्थों और मदिरा के सेवन और धूम्रपान के खिलाफ जागरूकता पैदा की हो?

  क्या गाँव में स्वच्छ पेय जल उपलब्ध है?

पर्यावरण के बारे में :

- क्या ग्राम पंचायत ने पर्यावरण समिति का गठन किया है?
- क्या नल या चबूतरा बना है, ताकि गन्दा पानी उसके पास न रूके?
- क्या गन्दे पानी की निकासी का उचित प्रबन्ध किया है?

  क्या गाँव में सभी परिवारों के यहाँ शौचालय है? क्या बच्चे शौच के द्वारा अपने हाथ साबुन या साफ मिट्टी से साफ करते हैं?
- क्या घर के आँगन में एक निश्चित जगह है जहाँ पर घर का कूडा करकट डाला जा सके?
- क्या पशुओं का मलमूत्र व घर का सभी कूडा करकट डालने की जगह निश्चित की गई है। दूसरे शब्दों में क्या गाँव के सभी परिवारों के पास खाद के गड्ढे हैं? क्या

गाँव के पोखर या तालाब के किनारे साफ-सुथरे हैं। क्या तालाब के किनारों पर घास व पेड़ पौधे लगाए हुए हैं ताकि पानी गन्दा न हो।

- क्या गाँव की सभी गलियों व खण्डहरों के किनारों पर पानी तो नहीं रूका हुआ है? अगर पानी रूका हुआ होगा तो वह मच्छर व मक्खी पैदा करने की खान होगी जो गाँव में अनेक बीमारियाँ फैला सकती है।
- क्या उन परिवारों को जो अपने घर व आसपास का वातावरण साफ-सुथरा रखते हैं उनको प्रोत्साहन देने की व्यवस्था ग्राम पंचायत ने की है।
- क्या सार्वजनिक सड़कों, नालियों, कुओं की मल निकासी की व्यवस्था है?
- क्या बेकार, कुओं, तालाबों, जोहड़ों और गड्डों को मिट्टी से भर दिया है?
- क्या श्मशानों और कब्रिस्तानों का रख रखाव और नियमन उचित प्रकार से है?

उपरोक्त कुछ ऐसे सवाल हैं जिनको पंचायतें स्वयं को पूछें और देखें कि वे बच्चों के स्वास्थ्य को सुनिश्चित करने के प्रयास में वे कहाँ खड़े हैं। जैसा कि पहले बताया गया था। पंचायती राज व्यवस्था तीन स्तरीय व्यवस्था है। सबसे नीचे स्तर पर ग्राम पंचायत है, मध्यस्तर पर क्षेत्र पंचायत है और उच्च स्तर पर जिला पंचायत है। इन तीनों स्तरों पर क्षमता को

देखते हुए बच्चों के स्वास्थ्य सम्बन्धी कार्य का बँटवारा इस प्रकार होना चाहिए।

संरक्षण, रोकथाम व नियमन सम्बन्धी कार्य ग्राम पंचायत को करना चाहिए तथा लाइसेंस देना, संरचनात्मक ढाँचा (जैसे सार्वजनिक शौचालयों मूत्रालयों, नालियों, स्नानागारों और धोबी घाटों का निर्माण) सम्बन्धी कार्य मध्य स्तर व जिला स्तर की पंचायतों को करना चाहिए क्योंकि ये इन कार्यों को अच्छी तरह निभा सकते हैं।

भारतीय चिकित्सा पद्धतियाँ : एक अनुमान के अनुसार देश की आधी जनसंख्या स्वास्थ्य सेवा, प्रजनन बाल स्वास्थ्य लिए भारतीय चिकित्सा पद्धति पर निर्भर हैं। भारतीय चिकित्सा पद्धति को बड़े स्तर पर और उपयोगी ढंग से शामिल किए बिना। इनमें देश की सम्पूर्ण जनसंख्या की भागीदारी सुनिश्चित नहीं की जा सकती, इस विषय में आयुर्वेद व यूनानी चिकित्सा पद्धतियाँ विशेष रूप से महत्व रखती है। इन पद्धतियों का बच्चों व महिलाओं की स्वास्थ्य चिकित्सा पर बहुत अधिक प्रभाव देखा गया है। इन पद्धतियों का बुरा प्रभाव नहीं पड़ता। सरकार द्वारा आयुर्वेदिक और यूनानी औषधियाँ आरम्भ करने के लिए उपाय किए जा रहे हैं जो प्रजनन और बाल स्वास्थ्य कार्यक्रमों में प्रभावशाली और सुरक्षित पाए गए।

लेकिन यदि हम विभिन्न राज्यों द्वारा पंचायतों को दिए गए कार्यो और अधिकारों को देखें तो केरल राज्य के अलावा

अन्य किसी राज्य ने इस पद्धति के रिवाज के कार्य को पंचायतों को नहीं सौपा है। केरल राज्य में ग्राम पंचायत स्तर पर पारम्परिक चिकित्सा पद्धतियों का अभ्यास करने वाले ग्रामीणों को अनुदान देने का प्रावधान है।

लेकिन पंचायतें अपने स्तर पर ग्राम सभा से प्रस्ताव पारित कराकर इस ओर पहल कर सकती हैं। जाँचे-परखे घरेलू ज्ञान के बेहतर इस्तेमाल के लिए पंचायतीराज राज संस्था में अपने अधिकार क्षेत्र में अपने वाले प्राकृतिक संसाधनों तथा स्वास्थ्य व शैक्षिक गतिविधियों की योजना बनाकर और उनका प्रबन्धन तथा देखरेख करके बच्चों के स्वास्थ्य में इजाफा कर सकते हैं। यह कार्य-गाँव क्षेत्र व जिला स्तर पर स्वास्थ्य समितियों को सौंपा जाना चाहिए।

इसमें कोई दो राय नहीं है कि आयुर्वेद और यूनानी पद्धतियों को आधुनिक चिकित्सा पद्धति से जोड़ने की दिशा में प्रयास हुए हैं, लेकिन उनके समुचित उपयोग में बहुत कुछ करना बाकी है। इस तरफ पंचायतों की जिम्मेदारी से योजनाबद्ध तरीके से प्रयास करने की जरूरत है क्योंकि शहरीकरण, व्यवसायीकरण और जनसंख्या में तेजी से हो रही वृद्धि के कारण भारत की समृद्ध जैव विविधता भी खत्म होती जा रही है। कुल मिलाकर पारम्परिक ज्ञान व आधुनिक वैज्ञानिक शोध के मध्य सम्बन्ध सम्भव ही नहीं बल्कि वांछनीय भी है। पंचायतें इसमें अहम भूमिका निभा सकती हैं।

निष्कर्ष : बच्चों को स्वस्थ रखना एक सामुदायिक जिम्मेदारी है। ग्राम सभा व ग्राम पंचायत गाँव में सामूहिकता को ही प्रदर्शित करते हैं। अब तक के अनुभव बताते हैं कि जिन कार्यों में स्थानीय लोगों ने पहल व रूचि दिखाई वे सफल हुए और जिन कार्यो में नहीं दिखाई वे असफल हुए। बच्चों का स्वास्थ्य एक ऐसा मुद्दा है जिसमें समुदाय में असहमति हो ही नहीं सकती।

जिला स्तर से नीचे स्वास्थ्य का बड़ा ताम-झाम है। वर्तमान में 2500 सामुदायिक केन्द्र 25,000 प्राथमिक स्वास्थ्य केन्द्र व 1.36 लाख उप केन्द्र दिखाए हैं। इतने बड़े तामझाम के बाद भी राष्ट्रीय जनसंख्या नीति (2000) के अनुसार आधारभूत ढाँचे में अपर्याप्तताओं के कारण गर्भनिरोधक सेवाओं की 28 प्रतिशत जरूरत पूरी नहीं होती है और इसी वजह से 'कवरेज' तथा पहुँच में स्पष्ट अन्तर रह जाते हैं।

हमने जब स्वास्थ्य की समस्या की चर्चा की थी तो देखा था कि यह आधारभूत संरचना काफी नहीं है और इन संरचनाओं के 'नाम' के हिसाब से भी देखें।

इसलिए पंचायतों को स्वयं अपने आप पहल करनी होगी। इसके लिए पंचायत प्रतिनिधियों को अपने स्तर पर ग्राम सभाओं को जीवन बनाकर ग्राम पंचायत की लगातार बैठकें करके, स्वास्थ्य समितियों को गठित करके इस कार्य को किया जा सकता है। इसमें सबसे अधिक भूमिका महिलाओं

की होगी। जैसा कि आपको मालूम है महिलाओं का पंचायतों के सदस्य व अध्यक्ष के लिए एक तिहाई आरक्षण है। जिसमें अनुसूचित जनजाति एवं जनजाति की महिलाएँ भी शामिल हैं। इस प्रावधान के कारण लगभग 11 लाख महिलाएँ पंचायतों की राजनीति में सक्रिय होंगी। इसमें लगभग 68 हजार महिलाएँ ग्राम पंचायत क्षेत्र पंचायत/पंचायत समिति व जिला पंचायतों की अध्यक्ष होंगी। जाहिर है इनमें से हजारों स्वास्थ्य व कल्याण से जुड़ी समितियों की सदस्य भी होंगी। ये महिलाएँ अपने साथी पुरुषों को साथ लेकर बच्चों का स्वास्थ्य सुनिश्चित कर सकती हैं। इसके लिए इन्हें बच्चों के स्वास्थ्य की योजना बनानी होगी।

स्वयं नितीय साधन जुटाने होंगे। पंचायतें इस कार्य के लिए पूरकता के रूप में गैर-सरकारी स्वैच्छिक संगठनों, निजी क्षेत्र से सहयोग लेकर आपस में साझेदारी स्थापित कर सकती हैं जिसकी नितान्त आवश्यकता है।

गाँठ बाँधकर रखने की बातें :

महिला के टिटनेस के दो टीके लगें, आयरन की 100 गोलियाँ मिलें, उसका जच्चा-बच्चा कार्ड बने और नर्स उसकी नियमित जाँच करें।

- गर्भवती महिला पहले से कम से कम सवा गुना ज्यादा खाना खाएँ।

- गर्भवती में यदि खतरे की निशानियाँ देखे तो उसे अस्पताल में पहुँचाया जाए जिसमें जरूरी सुविधाएँ हों।
- डिलीवरी के समय माँ व बच्चे के स्वास्थ्य के पाँच मन्त्रों को ध्यान में रखें।
- बच्चा पैदा होने के घण्टे भर के भीतर ही उसे माँ का दूध मिलना शुरू हो जाए। और अगर बच्चा आपरेशन से हुआ है तो भी चार घण्टे के भीतर उसे माँ का दूध पिलाएँ।
- बच्चा पैदा होने के बाद जितना हो सके माँ के पास ही रखा जाये। सर्दी में बच्चे को घर में गर्म और गर्मी में ठण्डी जगह में रखें।
- बच्चों को सभी टीके लगवाएँ।

ग्रामीण क्षेत्रों में यातायात के सुरक्षित साधन

यदि आंकड़ों को गौर करें तो स्पष्ट होता है कि भारत में घटित होने वाली तीन चौथाई सड़क दुर्घटनाएं ग्रामीण अंचलों में होती हैं। विकास की सरकारी निधि में शहरों को अधिक हिस्सा मिलना और ग्रामीण क्षेत्रों में मूलभूत सुविधाओं का अभाव रहना इस देश की विडंबना है; क्योंकि कागजों पर ही नहीं हकीकत में भी असली भारत गाँवों में ही बसता है। देश की आर्थिक सुदृढ़ता मूल आधार कृषि के क्षेत्र गाँवों में विकास की प्राथमिक परिभाषा "सड़क व संचार" का नहीं पहुंच पाना हमारे नीति निर्धारकों के लिए विचारणीय सवाल है। और यही विसंगतियां हैं जो ग्रामीण अंचलों में सड़कों के खून से रंगने का कारण बनी हुई हैं। पहले हम गौर करें कि ग्रामीणों को परिवहन साधनों या यातायात की जरूरत कब और क्यों पड़ती है।

शहर को शहर बनाने वाले जो महत्वपूर्ण आकर्षण हैं उनमें बाजार सबसे पहले है। आदि काल में भारत का बाजार लोगों की जरूरतों पर केंद्रित था यानि कही मुद्रा का चलन

नहीं था। गेंहू पैदा करने वाला अपनी जरूरत का तेल खरीदने के लिए गेंहू चुकाया करता था। यही कारण रहा कि गाँवों में विनिमय के अड्डे नहीं बन पाए। आज ग्रामीणों की जरूरतें भी बढ़ी हैं। अपने दैनिक जीवन उपभोग की वस्तुओं के अलावा कृषि से संबंधित उपकरण दवा, बीज आदि के लिए उसे अपने घर से बाहर जाना होता है। फिर अपने कृषि उत्पाद हों या डेयरी सामग्री या फिर मछली, अंडे, शहद आदि, हरेक की माकूल कीमत मिले, इसके लिए उसका शहर की ओर दौड़ना लाजिमी है।

समय में बदलाव के साथ ग्रामीणों की नाते-रिश्तेदारियाँ भी अब दूरस्थ स्थानों पर होने लगी हैं। गाँव के लोग नौकरी भी करने लगे हैं और बड़ी संख्या में लोग अपने पुश्तैनी गाँव में रह कर हर रोज बाहर नैकरी के लिए आते जाते हैं। शिक्षा और चिकित्सा के लिए भी ग्रामीण सार्वजनिक यातायात साधनों के माध्यम से शहर या कस्बों पर निर्भर हैं।

ग्रामीणों द्वारा प्रयोग में लाए जाने वाले यातायात के साधन

1. साईकिल
2. बैलगाड़ी / तांगा / भैंसागाड़ी
3. ट्रैक्टर

4. बसें, डग्गामार जीप, टेम्पो (प्राय: जीप व ऐसे वाहन गैर कानूनी ढंग से चलते हैं)

5. निजी दो पहिया स्कूटर/मोटर साईकिलें / मोपेड

आदि दुर्घटनाओं के कारण

1. तेज रफ्तार वाहनों की चपेट में आना : इसके शिकार प्राय: ऐसे ग्रामीण होते हैं, जिनके घर-गाँव मुख्य सड़क के किनारे हैं।

2. खराब सड़क : ऊबड़-खाबड़ सड़क, गड्ढे, विशेष रूप से रात में सामने से आ रहे वाहनों की चकाचौंध रोशनी।

3. जागरूकता का अभाव : आमतौर पर देखा गया है कि ग्रामीण सड़क उपयोगकर्ताओं को ट्रैफिक नियमों की जानकारी कम होती है और इसके कारण कई बार वे सड़क पर ऐसी गलती करते है कि उसकी कीमत उन्हें स्वयं या अन्य किसी को अपनी जान 'माल का नुकसान कर भोगनी पड़ती है।

4. वाहनों का ठीक रखरखाव ना होना : ग्रामीणों द्वारा इस्तेमाल किये जा रहे वाहन; चाहे वे पशु बल वाले हों या फिर ईंधन से चलने वाले, उसमें उचित चिकनाई व अन्य रखरखाव ठीक तहर से नहीं किये जाते हैं। तभी ऐसे वाहन थोड़ी सी सावधानी हटने पर हादसों का शिकार हो जाते हैं।

5. भीड़ भरे वाहन : ग्रामीण क्षेत्रों में प्राय: वाहनों का अभाव होता है। अत: ऐसे मार्गों पर यदा-कदा चलने वाले वाहन ठसा ठस भरे होते हैं। ऊपर से बेतहाशा रफ्तार होती है। ऐसे वाहनों के चालक भी नौसिखिए व वैध लाईसेंस के बगैर होते हैं। जरा में उनका वाहन पर से नियंत्रण समाप्त हो जाता है और क्षमता से दुगने-चार गुने भरे वाहन पलट जाते है।

6. नशा : ग्रामीण क्षेत्रों में सुरक्षित यातायात में सबसे बड़ा बाधक तत्व है, नशा कर के सड़क पर आना। शराब के अलावा गांजा, भांग, अफीम के नशेड़ची ना केवल खुद अपनी जान गंवाते हैं; बल्कि निर्दोष लोगों को भी अपने लपेटे में ले लेते है।

सुरक्षित यातायात

1. पिछले कुछ सालों में यह देखा गया है कि किसी भी नई सड़क विशेष रूप से राष्ट्रीय और अंतर्राजीय मार्ग बनते ही वहां गाँव बसना शुरू हो जाते हैं और इस आबादी का बड़ा हिस्सा प्रायः तेज वाहनों की चपेट आ जाता है। सरकार को चाहिए कि इस तरह की बसाहट को कड़ाई से रोका जाये।

2. ग्रामीण क्षेत्रों की सड़कों के निर्माण और रखरखाव के लिए स्थानीय प्रशासन की देख-रेख में अलग से विभाग बनाया जाये। वैसे इस कार्य में गैर सरकारी संगठन या ग्रामीण स्वयं भी कुछ कदम उठाएं तो अधिक कारगर होगा।

3. आमतौर पर शहर क्षेत्रों में ट्रैफिक सप्ताह या ऐसे आयोजन कर सरकार अपने कर्तव्य की इतिश्री समझ लेती है। लेकिन यह जरूरी है कि ग्रामीण अंचलों में यातायात के नियमों व तौर तरीकों की जानकारी देने वाले शिविर लगातार आयोजित किए जाएं। पाठ्य पुस्तकों में ट्रैफिक नियमों के बाबत पाठों को शामिल करना एक परिणामदायी कदम हो सकता है।

4. ग्रामीण यातायात साधनों का आधुनिकीकरण, दुर्घटनाओं को रोकने में महत्वपूर्ण भूमिका अदा कर सकता है। विशेषरूप से पारंपरिक साधन; जैसे, बैलगाड़ी, साईकिल आदि के रखरखाव पर ध्यान देने के लिए ग्रामीणों को प्रेरित करना जरूरी है। रात में वाहन चलाते समय वाहन के आगे व

पीछे प्रकाश रखना, उनमें ब्रेक को ठीक रखना, उनकी रफ्तार नियंत्रित रखना; आदि कुछ सामान्य बातें बड़ी दुर्घटनाओं को रोक सकती हैं।

दूरस्थ अंचलों में यातायात के सीमित साधन होने के कारण वहां उपलब्ध वाहनों में अत्याधिक भीड़ होती है।

टेम्पों या डग्गामार जीपों में क्षमता के चार-पांच गुना लोगों को भरना एक आम बात है।

प्राय: देखा गया है कि ऐसे वाहन बड़े हादसों का शिकार होते हैं। आवश्यकता के अनुरूप यातायात साधनों की पर्याप्त संख्या उपलब्ध कराना और उनके समयबद्ध संचालन की जिम्मेदारी जहां सरकार की है वहीं समाज यानी ग्रामीणों को भी भीड़ भरे वाहनों के बहिष्कार का आत्म निर्णय लेना होगा।

5. ग्रामीणों का नियमित स्वास्थ्य परीक्षण विशेष रूप से आँख व कान की क्षमता की जांच, ब्लड प्रेशर आदि के लक्षण के बारे में जागरूकता फैलाकर भी काफी कुछ दुर्घटनाओं को रोका जा सकता है। ❑❑